初见惊艳 再见依然

林徽因传

林小光◎著

内蒙古出版集团 远方出版社

图书在版编目（CIP）数据

林徽因传 / 林小光 著. --呼和浩特：远方出版社，2016.7

ISBN 978-7-5555-0736-9

Ⅰ.①林… Ⅱ.①林… Ⅲ.①林徽因（1904-1955）-传记
Ⅳ.①K826.16

中国版本图书馆 CIP 数据核字（2016）第 175177 号

林徽因传

作　　者 林小光
责任编辑 董美鲜
责任校对 贾玉梅
封面设计 柏拉图
版式设计 梁小丹
出版发行 内蒙古出版集团　远方出版社
社　　址 呼和浩特市乌兰察布东路 666 号　邮编：010010
电　　话 （0471）2236471 总编室　2236460 发行部
经　　销 新华书店
印　　刷 北京振兴源印务有限公司
开　　本 880mm×1230mm　1/32
字　　数 200 千
印　　张 9
版　　次 2016 年 7 月第 1 版
印　　次 2016 年 9 月第 1 次印刷
印　　数 1—5 000 册
标准书号 ISBN 978-7-5555-0736-9
定　　价 32.00 元

前言

众所周知，林徽因是中国近代史上的一位才女，她的才华、美貌和气质，她的经历、成就和际遇，都赢得了世人的赞叹。

1904 年，林徽因出生于浙江杭州，其祖父林孝恂是进士出身；父亲林长民毕业于日本早稻田大学，曾任北洋政府司法总长等要职，是一位为改革而献身的政治人物；叔叔林觉民是黄花岗七十二烈士之一，曾写下著名的《与妻书》。林徽因少年时期，林长民将她送进北京培华教会女子中学学习，并在她 16 岁那年带她前往英国，借读于伦敦圣玛丽女子学院，期间还带她到欧洲大陆旅行。

殷实的家庭，为林徽因提供了良好的教育环境，也开阔了她的视野。在游历欧洲的过程中，她首次接触到“建筑学”的概念，并从此开启了她对建筑的信念和激情，开始了对建筑事业一生的执着。

时值花季的林徽因，在这时邂逅了才华横溢的青年诗人徐志摩。徐志摩被她的才华和美貌所打动，对她展开了热烈的追求，并大胆地向她表白。但林徽因毕竟是理性的，她没有接受徐志摩的追求，因为徐志摩当时已有家室，而她自己的母亲本身就是妾，她深谙这种家庭的不和谐与不正常，决心不让自己重蹈母亲的覆辙。林徽因是温和的，她的性情不曾有太多的放纵，她活得乐观而执着，坚定又干脆。于是，她不辞而别，毅然离开了。说到徐志摩，不能不提到林徽因的另一个倾慕者——金岳霖。在林徽因的一生中，金岳霖代表的是一种感动与深情，他为了林徽因终身不娶，始终在不远处默默地关注和守候。这种“发乎情，止乎礼”的君子态度，深得林徽因和世人的敬重。

1921 年 10 月，林徽因回到中国，继续在培华女子中学学习。她的父亲林长民与梁启超的友谊，使她结识了梁启超的长子梁思成。两人日久生情，双方父辈也有意让他们结为连理。林徽因和梁思成确定关系后，于 1924 年一同赴美，就读于宾夕法尼亚大学美术学院。梁思成选择了建筑系，林徽因则选择了美术系。这是因为当时宾大美术学院建筑系不招女生，但其他系的女生可以选修建筑学的课程，所以林徽因只能在美术系注册，然后选修建筑学课程。留学期间，梁思成对林徽因百般呵护，两人共同学习，共同成长，相互扶持，他们的爱情是现实的、理性的，也是幸福的。1928 年 3 月，他们在加拿大梁思成的姐夫家结婚，之后在梁启超的建议下取道欧洲回国。

1928 年 9 月，梁思成和林徽因应东北大学之聘，创建东北大学建筑系。他们在东北期间设计了吉林大学校舍，林徽因还设计了“白山黑水”的东北大学校徽。1930年晚些时候，林徽因诊断出患有肺病，不得不离开沈阳回北平治疗。随后“九一八”事变爆生，日寇占领东北，东北大学建筑系被迫停办。这时，梁思成受邀担任中国营造学社的主任，林徽因随同参与了营造学社的工作，从此开始了他们在中国营造学社长达15年的调查研究。在考察期间，林徽因表现出了她的睿智、敏感和激情，旅途生活的艰苦和测绘工作的辛劳没有阻挡她的脚步，她以顽强的意志、坚强的毅力，带病考察、调研，和丈夫一起为中国传统建筑文化的研究和保存做出了巨大的贡献。

抗战期间，中华大地狼烟四起，林徽因一家颠沛流离，先到四川，后又辗转来到云南，夫妻俩贫病交加，生活举步维艰。为了抵抗日本帝国主义的侵略，她的弟弟林恒成了一名空军飞行员，在空战中英勇牺牲，林徽因为此悲痛不已，又一名亲人为了解救受苦受难的中华子民而光荣献身。

新中国成立后，林徽因挽救了即将失传的传统工艺景泰蓝，还参与了国徽图案和天安门人民英雄纪念碑等项目的设计。在生命的最后10年，是对建筑的热爱与激情支撑着她的生命，由此创造了一个又一个奇迹，在建筑史上写下了光辉灿烂的篇章。1954年底，林徽因的身体状况急剧恶化，到1955年4月1日，她走完了仅有51年的人生，将生命定格在美好的“人间四月天”。

除了是一位执着而坚定的建筑师外，林徽因在文坛也占有一席之地。她的作品中体现着文人的感性、细腻、唯美，这完全是出于她对文学的一种单纯的喜爱。她的作品包括散文、诗歌、小说、剧本、译文和书信等，代表作有《你是人间的四月天》《莲灯》《九十九度中》等。其中，《你是人间的四月天》最为大众所熟知。

在林徽因短暂的一生中，无论事业还是爱情，都丰满而精彩。在事业上，她始终坚守专业，满怀热情，并取得了傲人的成果；而在爱情上，她有徐志摩的追求、金岳霖的守候、梁思成的呵护，这不仅是因为她的美貌与才华，更因为她外柔内韧、顽强不屈的精神。

本书以林徽因的生平为主线，采用散文般的笔调、唯美而清丽的文字，描述了林徽因一生的心路历程，使读者对她的家世、思想、生活、爱情和事业有一个全新的了解。

斯人已逝，而林徽因过人的才情与气质，高洁的人格及其对建筑事业的执着与献身精神，将长存于后人心中。

目录

第一章　梦中的白莲

莲花徐徐绽放，恍若梦境中的烟雨小巷，断桥横卧、杨柳垂条的微雨西湖，威严耸立、青翠掩映下的深宅庭院……就那么静静地、静静地矗立在那儿。经过多少年，它还是那么安静，不知道在等待什么。

也许是在等待一个人的到来，就像西湖里盛开的那一朵白莲。

刹那缘起

江南，温柔水乡。这里有一年四季绽放的芦花，也有旧时故居的灰瓦白墙；这里草长莺飞，这里轻烟淡水。很多人都在梅雨弥漫的时节来到这里，探寻那黄昏浮动时的幽香。而她，恰如那朵西湖里绽放的白莲，萌芽在江南水乡，盛开在人间天堂，一抹靓丽的倩影，已然跳跃在水波之上……

这样一朵绽放的白莲，有父母的关爱，有爱人的相依，有情人的相伴，还有思慕者的痴恋。梁思成爱她，给她足够的信任和支持；徐志摩恋她，给她最美好的恋情；金岳霖痴她，亦师亦友，让他记挂了一生……

看似一场司空见惯的三角恋情，却因主人公的清洁而显得高贵清雅，给世人留下无限谈资，无限遐想。

每个人来到这个世界，都是匆匆的过客。有的人迷糊过一生，而有的人则清醒过一生。缘分就是这样，有些人与你邂逅，笑谈知己，却转身忘记；有些人与你刹那擦肩，萍水相逢，却必然回首。无论我们是帝王将相还是凡夫俗子，是金枝玉叶还是粗衣烂衫，无论我们被尘世的污浊玷污多久，可心灵深处，总有一方洁净的圣土，永远如初识般美好。

想起林徽因，总会想起她的诗歌——《你是人间的四月天》，给我们带来一种清雅而鲜活的气息。有人说，林徽因被季节封存在了四月，也有人说林徽因深谙调配烟火之法，不会让自己被俗世所伤。

佛家说，度世人于水火，先消尘心之贪念。尘世中的我们常常与痛苦相伴，惆怅、绝望时常伴随我们左右，都是因为平时的欲望过多，贪念过重。我们总是会留恋那些本不该属于我们的人，贪恋那些不属于自己的风景，然当时过境迁，一切终成过客时，我们才从沉睡中惊醒，原来我们在凡尘疲于奔命，为的都只是心灵上那片刻的安宁。

我说你是人间的四月天；
笑声点亮了四面风；
轻灵在春的光艳中交舞着变。
你是四月早天里的云烟，
黄昏吹着风的软，
星子在无意中闪，细雨点洒在花前。
那轻，那娉婷，
你是，鲜妍百花的冠冕，你戴着，
你是天真，庄严，你是夜夜的月圆。
雪化后那片鹅黄，你像；
新鲜初放芽的绿，你是；
柔嫩喜悦水光浮动着你梦期待中白莲。
你是一树一树的花开，

是燕在梁间呢喃——
你是爱，是暖，是希望，
你是人间的四月天！

这是林徽因呈现给大家的人间四月天。几场梅雨，烟雨江南的清晨，轻轻推开一扇窗，微风吹过，泱泱青绿便裹着诗情画意吹入人们的心房。在人们心中，江南的一草一木、雕梁栅栏，如同缥缈在半空的烟火人间，这种莫名的情感就像一种诱惑，牵着人们的心境和灵魂。

梦中的林徽因，就像是在西湖断桥边悄悄绽放的那朵白莲，她性情温和，身上既没有张爱玲的孤傲，也没有孟小冬的傲慢，更没有三毛的豪情。她的一生一如她的名字一样，不招摇，不冲突，不惊心。然而，在她身上，依然可以看到温婉和坚忍、诗意和豁达完美的结合。无论岁月如何变迁，时光流转，她永远是那朵梦中的白莲，依然在那里静静地绽放，永远盛开在人间四月天。

或许，我们最初是不相信命运的，当时光铲除了尖锐的欲望，磨平了内心的伤痕，耗干了爱情的激情，我们便慢慢地相信这世间是有因果的。命运，原来也是可以真实存在的。此时，少年时的冲动与激情随时间慢慢流逝，取而代之的则是平静与淡然，从容与坚定。

想起林徽因，便想起《红楼梦》中宝玉与黛玉的一场纷争，大抵内容是这样的：

宝玉说，林姑娘，我还对你不好吗？有好吃的我想着你、念着你，你生气了我哄着你、让着你，现在来了一个八竿子打不着的宝姐姐，你为了她，把我三日不理四日不见。本来是“亲不间疏”，她有什么资格插到我们中间来，搞得我们互相生气？你为了她不见我，我好委屈。你难道不知道我的心？

黛玉沉默良久，说，你只知道你的心，难道不知道我的心？

我在想，有没有人问过林徽因这样的话，她又是如何回答的呢？会和黛玉一样吗？也许她会说：“你只知道你的心，难道不知道我的心？我爱这凡尘世间，留恋这世俗红尘。”

对林徽因而言，无论她这一生爱过谁，抑或为谁付出过真心，经历过怎样的磨难，抑或犯过怎样的错误，她的淡定从不曾有半分消退与衰减，她留下的芬芳萦绕在每个人的心头，历久弥新。从她周身所散发出来的优雅与从容，似乎更让人难忘。所以，正是这样一位淡如菊、静如莲的女子，让三个男子为之倾情一生。

这样看来，林徽因是一个极有福气的女子，有情人相伴，有爱人相依，还有追求者倾心痴恋。然而，无论多美的爱情，多么圆满的生活，在有限的生命面前，终是一场因缘附会的劫难。

一张镌刻着旧时光阴的黑白老照片，就是我们这个时代的人能够触摸到她的视觉之门了。张爱玲曾说，照片这东西不过是生命的碎壳，纷纷的岁月已经过去，瓜子仁一粒粒咽下去，滋味各人自己知道，留给大家看的唯有那满地狼藉的黑白瓜子壳。

然而，这张泛黄的黑白老照片，如同夹在书里已经透明的干花，当人们轻轻地拈起时，仍然可以看到她旧时的刹那风华，感受到她那从容而飘逸的气息。

徽音，徽因

《诗经·大雅·文王·思齐》中有描述：

思齐大任，文王之母。思媚周姜，京室之妇。大姒嗣徽音，则百斯男。

惠于宗公，神罔时怨，神罔时恫。刑于寡妻，至于兄弟，以御于家邦。

雍雍在宫，肃肃在庙。不显亦临，无射亦保。

肆戎疾不殄，烈假不瑕。不闻亦式，不谏亦入。

肆成人有德，小子有造。古人之无斁，誉髦斯士。

这便是林徽音名字的由来。

每个人都无从选择自己的出身，无论你是出生在烟花微雨的江南，还是大漠荒凉的塞北，又或是白雪皑皑的漠北。命运之神编排了我们的出生和最终的归宿，纵然你不喜欢那个所谓故乡的地方，也不能改变其真实的存在。

有人说，爱上一座城，是因为城中有牵动你心灵的人或物。杭州，这座被誉为天堂的千年古城，成为很多人魂牵梦萦的地方。这里有梅雨白莲的西湖，有烟雨朦胧的小巷，有矗立千年的断桥，有化蝶成双的梁山伯与祝英台……每一寸土地，每一口空气都弥漫着爱情的气息。爱上一个人，或被一个人爱上，有时候不需要理由，无关家世，也无关风月，爱了，就是单纯地爱了。

100 多年前，林徽因有幸降生在这座天堂般的城市。

1904 年，恰是中国封建科举制度做最后挣扎的一年。林长民很忙，他忙着与一群志同道合的朋友为自己的政治理想奔走。他用笔杆子为他们的政治主张摇旗呐喊，无暇顾及怀胎十月、即将分娩的妻子。

6 月 10 日，一声纯洁而响亮的啼哭打破了杭州陆官巷的林宅。也许，她的到来是宿命的安排，但似乎也预示着另一个时代的萌生。

林徽因出身官宦世家，祖父林孝恂，字伯颖，是光绪十五年进士，福建闽县人。早年留学日本，历任浙江省海宁、金华、孝丰各州县官员，还参加过孙中山领导的革命运动。祖母游氏高贵典雅，是个端庄贤惠的美丽女子。其父林长民，是家中的长子，擅长诗文，精通书法。他是清末民初倜傥之士，有政治禀赋，一身正气。21 岁时中了秀才，在杭州语文学校学习英文和日文，32 岁毕业于日本早稻田大学，回国后历任南京临时参议院秘书长、北洋政府司法总长等职。

林徽因的出生给林氏家族带来了十足的欢喜，虽然是女婴，但是她乖巧而灵气逼人的粉脸，令人百般疼爱。林徽因的祖父林孝恂便从《诗经·大雅·文王·思齐》中择取“徽音”二字，取义贞静、贤德。很显然，祖父对她是寄予了厚望的，他希望她温柔典雅，安静如莲，同时又不乏理智与灵性。1935 年，林徽因在文坛崭露头角，接连在报刊上发表作品。而与此同时，文坛上另有一位男性作家叫“林徽音”，为了避免读者混淆，她便改名为“林徽因”。

祖父林孝恂生活的那个年代，刚好是西学东渐、启蒙思想萌芽之时，与他同科的陈三立、丘逢甲、杨深秀等名士，都是思想前卫、倡导新学的人物。林孝恂在京城翰林院干了几年，又被外放到浙江担任地方官，接触了不少新派的思想学说，因而很注重让子侄辈学习西方的先进思想文化。他在浙江时创办家塾，请来任教的既有国学大师林纾，也有新学名家林白水，除了教授儒家经典之外，还教授自然科学和外语。后来他又送多名子侄出国留学。祖父的开明给林徽因的一生印象极深。

林徽因是幸运的，在那个妇女要裹着小脚，三从四德的时代，她遇到了思想开明的祖父、积极进步的父亲，使她的生活绽放出光彩，如那朵白莲花，在西湖旁边静静地绽放在人们的心里。尽管她的母亲是妾。

林长民的原配夫人叶氏早逝，无儿女。林徽因的生母何雪媛 14 岁时，作为继室嫁入林府。

何雪媛是个典型的传统旧式妇女，出身于浙江嘉兴一个商人家庭。她的父亲是开小作坊的，何雪媛从小跟父母东奔西走，没读过书。这样的出身，与官宦之家、书香门第的林家显得那样格格不入。

琴棋书画、操持家务是封建大家族女子的标志，而这些与何雪媛毫无缘分，尽管她生长在商人家庭，过的也是养尊处优的生活。这对于善诗文、工书法的林长民来说无疑是一种错位。

婆媳关系是千百年来亘古不变的话题，林徽因的祖母知书识字、通情达理，处处透着一股名门风范，这样的差距，使祖母与母亲之间想要相处融洽怕是千难万难。在这个书香门第的家庭里，她的存在无疑是令人唏嘘的。

在我们的认知里，书香门第的小姐，大都与深宅大院、豪门深宫联系在一起。那里虽然不缺诗情画意，但自由的气息总显得那么微不足道。蝶舞莺飞的清晨，小姐们手拿长卷，在爬满青藤的高墙里面，望着天空，久久地沉思。等待她们的将是父母之命，媒妁之言。她们的灵魂时常低吟，为寂寞，也为自己的未来，更为那深藏于心底的挣扎。

林徽因就出生在这样一个大家族里。幸运的是，在那个新旧交替的年代，她的祖父和父亲都是接触过新思想的开明人士，他们既遵从中国传统文化，也乐于迎接新式的甚至是革命性的思维方式。在这样的家庭里，林徽因的身上既传承了父辈们优秀的血统，成就了与她倾国倾城的绝代容颜相得益彰的端庄、大方的气质，同时也是她日后接触新思想、学习新知识，成为一代才女的必然。

有人说，刚出生的人，她们因为上一世过孟婆桥时喝过孟婆汤，删除了前世所有的记忆，就这样纯粹地来到人间。而一个即将死去的人，则带不走凡间的半点尘埃，哪怕是一生都不愿意割舍的事物。每个哭着来到世间的人，都带给亲人无尽的喜悦。而一个人的离去，无论他是悲伤还是微笑，挣扎还是不舍，带给亲人的则是无尽的悲伤与痛苦。也许，这就是人们所说的因果。

林徽因的一生也绕不出因果。也只有在天堂一样的断桥湖畔，才配得上林徽因的轻柔与温婉、独立与自信。

庭院深深

“一入宫门深似海”，那高高的城墙锁住了无数帝王的心，同时也封锁了女人们的思想。千百年来，“女子无才便是德”压垮了一代又一代女子的梦想。她们只能坐在小小的院子里，抬头望着四角四方的天，做着妻贤子孝的美梦。

杭州那座古朴巍峨的庭院，带着温厚的江南底蕴，只是我们不知道，在这巍峨的高墙下，有过多少的冷暖交替，又有过多少的恩怨情仇。

林徽因是不幸的，她出生在这样的家庭，母亲是妾，在深闺庭院，面对外面的世界望而却步，只能叹息命运的不公，整天哀叹自己的不幸。

而她又是何其幸运，生在这样的家庭，出生时正好赶上社会变革的潮流，祖父和父亲又是思想开明之人，使她从小便接受了和母亲不一样的教育。

她出生在这样一个地方，就注定了要以自己多彩的生命绽放出烟花般美丽的景色。

有一张照片，是林徽因 3 岁时的剪影。

一个小小的、两三岁光景的女孩儿，长着鼓鼓的脑门儿，眼窝深陷，但眼神清澈、明亮。她斜靠着一把藤椅站在老宅的庭院里，小手藏到了身后，目视前方。

古老的庭院不知道藏有多少流年，一把老藤椅已然斑驳。只有这个稚气逼人的小身影依旧在那。她望着前方，眼神里难掩懵懂，她还不知道自己今后的人生会有怎样的际遇。

林徽因 5 岁之前的时光是在杭州陆官巷度过的，关于那段时光我们无从知晓，也无从查证，或许对于那时尚在幼年的她而言，只能任由如流水的时光悠然淌过，她也一样早已没了记忆吧。

林徽因 5 岁后，随父母迁至杭州蔡官巷的一座老宅院居住。虽然在这座老旧的宅院里只生活了短短的 3 年，但林徽因对于这段时光的记忆却是难以磨灭的。在这里，林徽因的大姑妈林泽民成了她的启蒙老师。林泽民是清朝末年的大家闺秀，从小接受私塾教育，精通诗词歌赋，琴棋书画也很拿手。她开始教 5 岁的林徽因读书识字、背诵诗词，带着她接触到了人生最初的那些课程。

试想这样一个场景：霞光掩映的晨晓，暮色低垂的傍晚，天地间淡淡的花香弥漫，一个幼小的女孩子手捧一册线装书，时而沉思，时而凝望。或许她并不能理解那些美好的意境，也无法揣度其间的情怀，但是那些优雅而美好的文字，就如同一串串剔透的水晶，闪着耀眼的、细碎的光华，一直到她的心里，变成一颗颗稚嫩的种子，把那淡淡的诗意和哀愁安放在心灵深处。

虽然人们都说性情多是与生俱来的，有的人天性安静、低调，有的人生来奔放、张扬。但是后天的培养和熏陶依然不可小觑。许多人都在后天的培养和引导中，潜移默化地改变了性情。

这些于林徽因亦是如此。或许是大姑妈自身有着优雅、娴静的气质，或许是林徽因的身上有着与生俱来的传统知性美，这种先天与后天的完美结合，不仅培养了林徽因良好的文学修养，也让她的性情得到了良好的艺术熏陶，让林徽因的身上早早地显露出大气和娴静的出色气质。

然而，对于一个年幼的孩子来说，家庭的圆满才是最重要的。父母间的和睦和婚姻完满又是圆满的核心所在。而林徽因父母的婚姻却并不圆满，甚至可以说是令人遗憾的。

林徽因的父亲林长民有政治禀赋，正直而富有才气。徐一士在《谈林长民》中，曾这样描述过林长民："躯干短小，而英发之慨呈于眉宇。貌癯而气腴，美髯飘动，益形其精神之健旺，言语则简括有力。"徐志摩也在《伤双栝老人》中，以诗般的语言形容他出色的口才："摇曳多姿的吐属，蓓蕾似的满缀着警句与谐趣，在此时回忆，只如天海远处的点点航影。"

林长民有句名诗"万种风情无地着"，可见他比他的父亲富有性情，且在性情之外兼具才气，是位不折不扣的才子。倘若林长民不投身于政治，他也很可能会成为颇有建树的作家或书法家。他艺术禀赋过人，其晚年留下的墨迹"新华门"匾额，至今悬于中南海新华门上。

一个是儒雅相得的父亲，一个是平凡尖锐的母亲，这或许从开始就注定了会有种种遗憾。

林徽因的儿子梁从诫曾对此写过这样一段话：

早年我的外祖父林长民（宗孟）出身仕宦之家，几个姊妹也都能诗文，善书法。外祖父曾留学日本，英文也很好，在当时也是一位新派人物。但是他同外祖母的婚姻却是家庭包办的一个不幸的结合。外祖母虽然容貌端正，却是一位没有受过教育的、不识字的旧式妇女，因为出自有钱的商人家庭，所以也不善女红和持家，因而既得不到丈夫，也得不到婆婆的欢心。婚后8年，才生下第一个孩子——一个美丽、聪颖的女儿。这个女儿虽然立即受到全家的珍爱，但外祖母的处境却并未因此改善。外祖父不久又娶了一房夫人，外祖母从此更受冷遇，实际上过着与丈夫分居的孤单的生活。母亲从小生活在这样的家庭矛盾之中，常常使她感到困惑和悲伤。

后来，林长民又娶了一位上海女子程桂林。相对而言，这位女子更得林长民的欢心，虽然她也没读过多少书，但程桂林生下了林家梦寐以求的儿子，便更加受林长民的宠爱。林长民还特意将程桂林母子安排在宽敞明亮的前院居住，昼夜相伴，而让何雪媛在相对窄小、幽暗的后院居住，很少去探望。

从此，何雪媛的地位更是不言而喻，面对丈夫的冷落和新夫人的得宠，她深埋在心中的忌恨在疯长，她的性情也在这种患得患失的狭窄空间里，变得多愁善感，阴晴不定。即便在林徽因面前，她也丝毫不掩饰自己的情绪。这让林徽因的内心也生出了复杂的情感，她对父亲又爱又恨，她困惑，她悲伤。

梁从诚在《倏忽人间四月天》中这样评述过林徽因当时的心态：

> 她爱父亲，却恨他对自己母亲的无情；她爱自己的母亲，却又恨她不争气；她以长姊真挚的感情，爱着几个异母的弟妹，然而，那个半封建家庭中扭曲了的人际关系却在精神上深深地伤害过她。

尚且年幼的林徽因承受了太多成人世界的感情纠葛。她既要在祖母和父亲面前做一个聪慧伶俐的女孩子，又要做一个母亲身边温顺听话的乖女儿。

那时，她常常一个人坐在木楼上，看着天空飘荡的云朵，也是从这时起，林徽因变得有些多愁善感，明白了生活中总会有无奈和痛苦。

林徽因写过一篇题为《绣绣》的小说，讲述了一个名叫绣绣的女孩，她生活在一个错位的家庭里，母亲懦弱，终日在忌恨中郁郁寡欢，父亲冷落母亲，后来娶了新姨娘，有了另一个孩子。绣绣终日在父母无休止的争吵中彷徨、挣扎，她无力改变，也无力逃脱。她只能无奈地看着糟糕的一切。很明显，这个女孩的身上有着太多林徽因童年生活的影子。

多年以后，林徽因异母的弟弟林恒到北平，寄住在林徽因家。恰巧，那时何雪媛和林徽因生活在一起，林徽因待林恒如亲弟，何氏却面生寒霜，可怜林徽因从中周旋，却也无法改变何氏的态度，其中有一段是林徽因写给费蔚梅老师的信：

最近三天我自己的妈妈把我赶进了人间地狱。我并没有夸大其词。头一天我就发现我的妈妈有些没力气，家里弥漫着不祥的气氛，我不得不跟我同父异母的弟弟讲述过去的事，试图维持现有的亲密接触。晚上就寝的时候就有些精疲力竭，差不多希望我自己死掉或者根本没有降生在这样一个家庭……那早年的争斗对我的伤害是如此持久，它的任何部分只要重现，我就只能沉溺在过去的不幸之中。

就算没有外人，她们母女也会经常吵架。烦闷的时候，林徽因就会向费蔚梅老师诉苦：

我自己的母亲碰巧是个极其无能又爱管闲事的女人，而且她还是天下最没有耐性的人。刚才这又是为了女用人。真正的问题在于我妈妈在不该和女用人生气的时候生气，在不该惯着她的时候惯着她。还有就是过于没有耐性，让女用人像钟表一样地做好日常工作但又必须告诫她改变我的吩咐，如此等等。直到任何人都不能做任何事情。我经常和妈妈争吵，但这完全是傻帽儿和自找苦吃。

有人给林徽因和何雪媛一句评价：彼此相爱，互不喜欢。

也许这是对这对母女最亲切的评价了。我想，也许是童年的生活中，母亲给予林徽因太多的阴暗面，以致在后来的许多年，林徽因都无法释怀。

对于林徽因的童年生活，我们无法去指责她的父亲，他和林徽因的母亲之间注定是一场错位的姻缘，没有爱情的婚姻注定索然无味，也注定弥漫着悲戚之色。或许，这就是所谓的命运吧，明知道不适合，却还要无奈地接受和承受。

我们很少看到关于她童年的文字材料，而林徽因自己对童年也不会完全没有记忆，或许她是在刻意闪躲和回避，虽然她像是个不食人间烟火的仙女，却实实在在地经历过人世间最真实、最世俗的洗礼。也或许林徽因早已看穿人生的底牌，她来到这个世界，只为了把自己的美好、纯净和坚毅展示给世人。

父爱如山

有人说，每个来到这个世上的人，都带着一份使命。无论他是否平凡得如一颗沙砾，总会有一个释放他的平台，总有一份属于他的感情，总有一个期待他的人。有的人甘愿躲在自己那一方小小的世界里，固守着简单的幸福和安稳，波澜不惊地走完一生；有的人却喜欢在纷扰复杂的世俗中，挣扎着、追逐着自己想要的生活。

他是林徽因生命中最重要的男子，是她人生的导师，是她一生中挚爱的人；而她是他血脉的延续，也是他希望的寄托；他带给她生命，带给她穷其一生都享用不完的财富，他就是林徽因的父亲——林长民。

林徽因的天赋多得于父亲的真传。林长民本人性格豪爽，多情才思，父与女的才情何其酷似。徐志摩曾评价说："蓓蕾似的满缀着警句与谐趣。"要说，林长民的才华不在林徽因之下，他能诗，尤擅书法，行事干练。与技艺过人的林徽因不同，林长民志在经国大业，有思想，有抱负。清末民初，他任过咨议局书记长、参政院秘书长、众议院秘书长、总统府外交委员会事务主任，俨然是一个秘书长专业户，人称“秘书长之理想人选”。

徐志摩曾感叹道：“做一个有天才的女儿的父亲，不是容易享的福。”

1906年林长民远赴日本留学，不久回国，在杭州东文学校毕业后再度赴日，就读于早稻田大学预科及大学部政经科。林长民是日本留学生中比较公认的明星式的人物。他热心于社会公益，喜欢助人为乐，一度还担任留学公会会长。据说推举他的人一致认为林长民身兼数长：一有文才，不但学识渊博，而且“善治事”；二有口才，善于辞令，滔滔雄辩；三有家财，“家本素封，交际所需，不匮于用”；四有胆识，遇事肯担当，决无畏葸之态。

但是，在日本的见识和生活并没使林长民变成一个激进的革命青年，他仍希望通过自己的从政，以改良的方式实现立宪政治。因此，当堂弟林尹民、林觉民慷慨陈词，宣扬革命的宗旨时，他一笑而过，他的重点在于广泛结交挚友。用林长民自己的话来讲：“政治家须有容人的雅量，中国前途不可知，尤须联络异己，为沟通将来政治之助。”

林长民从日本留学回国后，慨然于国民教育程度的低劣，拒绝了清政府要授予的翰林进士身份，回到祖籍福建出任官立法政学堂教务长。

林徽因启蒙早，再加上她天资聪颖，6岁便开始识文断字，在父亲不在家的日子里，林徽因常常读父亲来的家信，有时候还替祖父给父亲回信。林家保留了林长民写给林徽因的信，那时，林徽因才7岁。

徽儿：

知悉得汝两信，我心甚喜。儿读书进益，又驯良，知道理，我尤爱汝。闻娘娘往嘉兴，现已归否？趾趾闻甚可爱，尚有闹癖（脾）气否？望告我。祖父日来安好否？汝要好好讨老人欢喜。兹奇甜真酥糕一筒赏汝。我本期不及做长书，汝可禀告祖父母，我都安好。

父长民　3月20日

也许，林长民在别人眼中不是一个好父亲，在林徽因出生时，他不在身边，在林徽因13岁时，又卷入一场政治纷争，不得已前往天津，在天津与北京之间两地奔波，留下年幼的林徽因独自支撑。值得欣慰的是，这时的林徽因已经可以独当一面。温婉的她，背后却是坚韧和不屈。

1920年春，林长民携带16岁的林徽因到欧洲考察。同年10月，林长民回国与蔡元培、王宠惠等联合上书，向政府建议恢复国会，完成宪法。他们的建议得到了当时的总统黎元洪的采纳，被选为宪法起草委员会委员，直接参加了制宪工作。而当时的中国早已千疮百孔，人人都在争夺自己的利益，谁又能对自己以外的事情感兴趣。1923年10月，曹锟贿选总统成功，林长民所主张的生计制度与地方制度被搁置，他的政治理想再次化为泡影。

想起一些电影里面的片段，高墙外面刀光剑影，腥风血雨；高墙里面张灯结彩，歌舞升平。外面民不聊生，饿殍遍野；里面浮华奢靡，醉生梦死。外面高楼大厦，机器长枪；里面粗衣茅屋，大刀长矛……不知林长民看见的，是否也是这样的场景？可我们能从这些电影片段中了解我们民族过去的那段不堪。

我想，与林长民一样的志士青年，也看到了同样的场景。他们宁愿背负一生，逃亡一生，也要改变这一状况。此时，我想起电视剧《心术》中的一句话：

你知道这江山是怎么打下来的吗？
就是这些有着坚定信仰的人打下来的。
你知道这个江山为什么到现在为止还风景如画吗？
就是因为这些人还坚守着他们的信仰。

是啊，信仰，让我们变得坚强，坚定不移。信仰，让我们变得伟大，变得无畏。

林家有女

1943年，张爱玲在《金锁记》中有过这样一段描写：

三十年前的上海，一个有月亮的晚上……我们也许没赶上看见三十年前的月亮。年轻的人，想着三十年前的月亮该是铜钱大的一个红黄的湿晕，像朵云轩信笺上落了一滴泪珠，陈旧而迷糊。老年人回忆中的三十年前的月亮，是欢愉的，比眼前的月亮大、圆、白；然而隔着三十年的辛苦路往回看，再好的月色也不免带点凄凉。

这是张爱玲笔下上海的月亮。巧合得很，那时的林徽因恰好也在上海，也在这样的月色下呼吸。与张爱玲的孤傲与清高不同，林徽因是温婉的、恬静的，但也同样是夺目的、独立的，在自己的人生道路上不卑不亢、不悲不喜地跋涉。

在林徽因8岁时，全家移居上海。而她的父亲还在北洋政府任职，居住在北京。上海离杭州并不远，有着江南的秀气，也不乏烟雨和莲香，然而离开了出生的天堂，总有游子的寂寥和伤感挥之不去。年纪尚小的林徽因还不明白何为相忘于江湖，更不懂得迁徙意味着与过往时光的诀别。

他们一家住在上海的虹口区金益里。林徽因和表姐妹们一同在附近的爱国小学就读。聪慧灵气的林徽因对家中的藏书以及书画兴致勃勃，家人、老师以及同学们都很喜欢她。

林徽因的少女时代，受时局和生活所迫，整个家族一直处在不断迁徙的状态中。在林徽因 10 岁时，林长民任北京政府国务院参事，全家北上迁居北京；两年后，也就是 1916 年 4 月，袁世凯称帝，林徽因全家迁至天津英租界红道路暂避，而父亲林长民仍留北京；同年秋天，全家又迁往北京；次年，张勋复辟，全家又不得不再次迁往天津，此次林徽因没有随行，留在了北京；后来，林徽因跟随叔叔林天民到津寓自来水路，诸姑携诸姐妹也相继到津；同年 7 月 17 日，由于林长民支持段祺瑞讨伐张勋复辟，他被任命为司法总长，8 月，林徽因全家又返回了北京。如此往复，这便是乱世中的家族迁徙。他们无法像普通的家庭一样，守在某个地方平静地生活。

1916 年，林长民全家定居北京，北京与上海、杭州都不同，这里有北方的大气和庄重，这里有高高的城墙、方正的街道、地道的京片子。从饮食到居住，从语言到生活习惯，都仿佛进入了另一个全新的世界。

林徽因和 4 个表姐妹一同进入有名的英国教会办的培华女子中学读书。该校教风严谨，培养出了很多杰出的人才。天资聪颖的林徽因接受着良好的教育，自然如鱼得水，英文水平在此期间突飞猛进。置身于这样开放而先进的教育环境中，林徽因的文化意识早早就开始萌芽了。

在几个表姐妹中间，林徽因无疑是最出挑、最惹眼的一个。天生的灵气和清雅，让人过目难忘。在这座尊贵而庄严的皇城里，林徽因的诗意与柔美显得那样醉人，无须蜕变，她的一切都是与生俱来的，永远明媚清亮。

林徽因 13 岁的时候，京城时局动荡，张勋复辟，林长民卷入其中，全家只得迁往天津。林长民则在两地之间奔波，唯有林徽因留在了京城。尽管那时她不过 13 岁的年纪，却能将家事打理得井井有条，自己的生活也安排得充实、精彩。这就是林徽因，柔婉的背后有坚韧和独立支撑，坚守传统，又视野开阔，她的风情与才华都足以令京城为之倾倒。

在培华女子中学就读的林徽因，已然告别了童年的时光，出落成一个亭亭玉立的少女。有一张她 14 岁时的照片，照片里的她身着一袭白色衣裙，长长的辫子斜搭在肩膀，微微侧身而立。虽然穿着简单而朴素，却足以诠释她的大气与简洁。

林徽因的青春便从那时开始绽放，有对未来的美好憧憬，有对生活的浪漫幻想，也有对现实的独立思考。而青春最终落于何处，这个花一样的少女也无从回答。她依然如清水中长出的白莲，安静地绽放、吐香，从容地享受着命运。

青春初识

这世上从来就不缺奇缘偶遇，茫茫人海中，每一次擦肩而过，都有可能成就一见倾心的牵挂。诚然，我们该为这来之不易的心动感到温暖，无论前世是否已然相识，此生的相遇便是回答。也许，最终那场在泛黄的旧光阴里的相遇已经模糊，但萦绕在心头的悸动和烙印，却是历久弥新的。

梁思成初见林徽因时，他 17 岁，林徽因 14 岁。他略带稳重，却也不乏风趣，她虽娴雅，却不失灵气。

14 岁的林徽因，脸上看不出中国式少女的典型羞涩，她周身散发着大家闺秀的温婉、纯净和落落大方。

那时，林长民与汤化龙、蓝公武同赴日本游历，林徽因一家仍住在北京的南长街织女桥。林徽因素日里除了打理家事，时常以编字画目录打发空闲时光。有资料上说，林徽因就是在这一年认识了梁思成，也有资料认为是在 1921 年，即林徽因从英国回来的那一年。

而梁思成也非泛泛之辈，他的父亲梁启超是中国近代史上著名的政治活动家、启蒙思想家、资产阶级宣传家、教育家、史学家、文学家。梁思成是梁启超的长子，出生在东京，自幼家教甚严。据说，梁启超一早就看中了林徽因，他在后来的文集中，有过只言片语的透露，表明自己这一决定是“先见之明”。

后来，梁思成的女儿梁再冰在《回忆我的父亲》中，有过这样一段描述：

父亲大约17岁时，有一天，祖父要父亲到他的老朋友林长民家里去见见他的女儿林徽因（当时名林徽音）。父亲明白祖父的用意，虽然他还很年轻，并不急于谈恋爱，但他仍从南长街的梁家来到景山附近的林家。在“林叔”的书房里，父亲暗自猜想，按照当时的时尚，这位林小姐的打扮大概是绸缎衫裤，梳一条油光光的大辫子。不知怎的，他感到有些不自在。

门开了，年仅14岁的林徽因走进房来。父亲看到的是一个亭亭玉立却仍带稚气的小姑娘，梳两条小辫，双眸清亮有神采，五官精致有雕琢之美，左颊有笑靥；浅色半袖短衫罩在长仅及膝下的黑色绸裙上；她翩然转身告辞时，飘逸如一个小仙子，给父亲留下了极深刻的印象。

这是林徽因的女儿梁再冰笔下梁思成与林徽因初识的情景。我们敢猜测，那时的梁思成应该对林徽因是一见钟情的。17岁，正是春心懵懂、血气方刚的少年郎，虽然风度翩翩的梁思成身边并不缺美丽的女子，但如林徽因这样清新灵动的窈窕女子却是可遇而不可求的。而于林徽因，她该是腼腆和快乐的，与爱情无关的快乐。

相信每一个男孩心中都幻想过，有这样一个清纯少女，能与自己十指相扣，并肩行走在落日的黄昏里。而每个女孩也是，和自己理想中的男孩在一起看朝阳，数星星……

后来，林徽因在给好友沈从文的书信里袒露了少女的心声：

理想的我老但愿着生活有点浪漫发生，或是有个人叩下门走进来坐在我对面同我谈话，或是同我同坐在楼上炉边给我讲故事，最要紧的仍是有个人要来爱我。我做着所有女孩做的梦。而实际上却只是每天落雨又落雨，我从不熟悉一个男朋友，从没有一个浪漫的人走来同我玩——实际生活所熟悉的人从没有一个像我所想象的浪漫人物，却还加上一大堆人事上的纷纠。

这封信里的“我”正是林徽因，那是1920年，她随父亲在英国伦敦，她遇到了徐志摩，有了那样的心思。

然而，生性沉静的梁思成是无法给予她这样的心情的，所以，那时的她还无法对梁思成的平静与安然动心。而此次见面后，梁思成却再也没能忘记她，只是命运安排了他们注定要辗转一个漫长的历程，才能相守在一起。直到多年后他们终成眷属，才惊觉原来当初的相见，美好得不忍触摸。

对此，有人曾这样描述：“林徽因与梁思成注定要经过一个漫长的历程才能并肩走到一起。原本是两个一同行走的人，其间一个人在路途中探看了别的风景，而另一个人一直在原地等待。”很显然，林徽因就是那个采撷风景的人，而梁思成自始至终守在原地不肯离去。

第二章　康桥别恋

每每提及感情，抑或红尘中谁与谁相遇，谁又和谁相爱、相恋。总是会与那缘分纠缠不清。有缘的人，纵使隔着万水千山，最终也会携手一生。无缘之人，纵使两人近在咫尺，也会形同陌路。康桥，如西湖的断桥一般静静地卧在伦敦的迷蒙烟雨中，等待着才子佳人的那段倾城之恋。

漂洋过海

两个江南的才子佳人，在异国他乡相逢。那里没有江南的雨巷，却有浪漫的康桥。伦敦的雨雾宛若江南的烟雨迷蒙，闭上眼，连空气的味道都那么相似。于此，命运在康桥上雕琢了深浅不一的烙印。当康桥的水唤醒他们平静的心时，他们几乎忘记了这段感情其实是一场美丽的错误。茫茫人海，相逢不易，相知更难。然而梦中的烟雨毕竟只能在梦境中湿润，睁开眼的瞬间，朦胧的雨雾早已在干热的阳光下蒸发殆尽……

我是天空里的一片云，
偶尔投影在你的波心——
你不必讶异，
更无须欢喜，
在转瞬间消灭了踪影。

你我相逢在黑夜的海上，
你有你的，我有我的，方向；

你记得也好，
最好你忘掉，
在这交会时互放的光亮！

这首诗是徐志摩写给林徽因的《偶然》，一见钟情过后又各自珍重，这就是他们的爱情，浪漫、炽烈而忧伤。

1920年，林长民远赴欧洲考察西方先进制度，16岁的林徽因跟随父亲一同去了英国伦敦。这次远行的目的是让林徽因增长见识，接受更先进的教育和文化熏陶，还有就是林长民有意让林徽因避开家庭那些琐碎的纷争。和祖父一样，林长民对自己这个女儿给予厚望。他也理解，这个令人窒息的家庭，夹杂在父亲的两个妻子中间意味着什么。虽然林徽因从未抱怨过，但林长民能感觉到少女那颗敏锐的心，他觉得，该让她的思想解放一下了。

开春4月，他们正式踏上行程，登上了漂洋过海的轮船。先由上海到法国。这一次远行让林徽因的视野大为开阔，也标志着她与少女时代的告别。她将看到全新的世界、全新的人物，接收到新的知识。这对她来说，新奇的事物与异域风情无疑充满了鲜活的诱惑。

从1920年起一年多的时间，林徽因都跟随父亲游历欧洲。林长民在走之前曾将此行的目的告知林徽因：

我此次远游携汝同行。第一要汝多观察诸国事物增长见识。第二要汝近我身边能领悟我的胸次怀抱。第三要汝暂时离去家庭烦琐生活，俾得扩大眼光，养成将来改良社会的见解与能力。

林长民深知，读万卷书不如行万里路。只有手不释卷，又踏遍世界，开阔视野的人，才能真正学到知识，并学以致用。

在那个年代，能够漂洋过海是一种奢侈的时尚。其实，细想来，倘若林徽因没有出生在这样的家庭，而只是在寻常百姓家过着平凡的日子，她也一样可以安排妥帖。不能不说，一个女子可以在世人心中赢得一世的清白和尊重，有多么不易！人们认为她的出众、她的聪慧都是天生的，不像寻常人一样需要反复刻苦磨炼，然而她又只是个孩子，眼神里的清澈告诉人们，她只是遵循着内心的指引，她从未刻意。

当林徽因登上远赴海外的轮船，望着远方烟波浩渺的海天之际，她突然意识到自己的渺小，就如同这茫茫大海上的一朵小小的浪花。她伫立在船头，有没有过对爱情的向往呢？或者对未来有着怎样的期许呢？而事实上，无论她想与不想，前方已经有一个人在等候，与她相遇。

在旅途中，林徽因看到了一个不一样的父亲，一个与往日不同的、年轻的、时尚的、生气勃勃的父亲。在家中，林长民虽然温文尔雅，却总是显得缺少点什么，现在，终于发现了——激情，对生活的激情。当时的《时事新报》记录了他在“五四运动纪念会”上慷慨激昂的演讲：

吾人赴外国，复宜切实考察。若预料中国将来必害与欧洲同样之病，与其毒深然后爆发，不如种痘，促其早日发现，以便医治。鄙人亦愿前往欧洲，已从诸君之后，改造中国。

两个多月的航程，每天看到的都是一望无际的海洋，林徽因有些眩晕了，直到上岸后，她还依稀觉得自己依然行走在船上，看什么都是恍惚的。5 月，轮船抵岸，到达法国。父女俩转道去了英国伦敦，暂时找了个住处安顿了下来。两个月后，林徽因跟随父亲开始游历欧洲，从巴黎到日内瓦，从罗马到柏林。至此，林徽因方真切地感受到了世界的浩瀚与进步，感叹曾经的自己是多么渺小，仿若井底之蛙，这一切与她以往看到的都截然不同，却又那么真实地呈现在眼前。

林长民带着女儿参观了每一处文化古迹，连女儿并不感兴趣的工厂和报馆也没有遗漏。林长民认为这是中国需要向西方资本主义学习的地方，日后可以作为改良的参考。而这一切对于正处于求知时期的林徽因来说，无疑是一场视觉盛宴。她兴致勃勃地观察着各地的自然风物、民族风情，极大地开阔了自己的视野，那从未见过的异域风情让她感受到了别样的鲜活和新奇。

1920 年 9 月，林徽因以优异的成绩考入了爱丁堡的圣玛丽学院。父亲林长民擅长交际，他将很多时间都用在各式应酬上，家里也时常有中国同胞和外国友人到访。而这时，女儿林徽因自然而然地担当了“主妇”角色，负责帮忙接待那些前来拜会父亲的客人。虽然林徽因年纪不大，但其落落大方的举止和气质给来客留下了深刻的印象。而这也是林徽因社交的开始。

林徽因的起步之高，让与她同时代的很多优秀女性无法企及。她的视野，她的社交，她的思想，都远远超出了一般人。

而与此同时，林徽因是一个情感细腻的女子，这种生活带给她新奇体验的同时，也让她备感疲倦和孤独。远离家乡，父亲又常在外演讲，每当入夜时分，一个人在家，她就会依偎在壁炉旁，一本接着一本地翻看英文刊物。她开始怀念北京的日子，怀念母亲，怀念那熟悉的一草一木。后来她回忆那时的情景时，这样说道："我独自坐在一间顶大的书房里看雨，那是英国的不断的雨。我爸爸到瑞士国联开会去，我能在楼上嗅到楼下厨房里炸牛腰子同洋咸肉。到晚上又是在顶大的饭厅里独自坐着，一个人吃饭，一面咬着手指头哭——闷到实在不能不哭！"

寂寞，孤独，大概是每个离乡的游子最多的惆怅了，寂寞和空虚随之而来，弥漫了整个少女的心。我想，16 岁的少女的心正好是渴望别人关注和倾听的，所以，她遇见了同样心灵寂寞的徐志摩。同时，这一次出游使她找到了她终其一生所追求的目标——建筑。

爱上凝固的艺术

建筑，在当时的中国还是一个懵懂的概念，国人以为建筑就是所谓的盖房子时，国外已经有建筑师这个行业了。

在旅途中，林徽因大开眼界，那庄严的佛殿，静静绽放着的佛塔，小巧的庭院，精美的雕饰，屋顶的吊灯，温暖的壁炉……一切的一切，都是那么新鲜，那么吸引眼球。

林长民在日记中描述的日内瓦湖的风情，与林徽因熟悉的西湖有着全然不同的景色：

罗山名迹，登陆少驻，雨湖烟雾，向晚渐消；夕阳还山，岚气万变。其色青、绿、红、紫，深浅隐现，幻象无穷。积雪峰巅，于叠嶂间时露一二，晶莹如玉。赤者又类玛瑙红也。罗山茶寮，雨后来客绝少。余等憩 Hotel at Chardraux（旅店名）时许……七时归舟，改乘 Simplon（渡船名），亦一湖畔地名。晚行较迅。云暗如山，霭绿于水，船窗玻璃染作深碧，天际尚有微明。

1921 年夏天，林徽因和柏烈特全家一起到离伦敦不远的布莱顿海边避暑。她和柏烈特医生的 5 个女儿吉蒂、黛丝、苏珊、苏娜、斯泰西整日泡在海里玩耍。头顶有蓝天和白云，轻松的心情和醉人的美景几乎让林徽因流连忘返。布莱顿是座非常美丽的海滨小城，面对英吉利海峡，北距伦敦近 80 千米。从 11 世纪开始，这里就是一个航运繁忙、鱼市兴盛的地方，如今布莱顿的观光价值，早已超过了它的原始存在意义。

据说这里的海水，有治疗百病的功效。林徽因看到差不多每一家观光旅馆，都竖着一块“天然水，海水浴”的招牌。

而且，与很多有着细软沙滩的海滩不同，这里的海滩遍布大大小小的鹅卵石，人走在上面会感觉脚底疼痛，不过当坐下来的时候，又会觉得像刚刚被按摩过一样舒服。柏烈特一边活动着关节，一边招呼孩子们下水，6 个美丽的女孩成了沙滩上一道靓丽的风景线。

黛丝教林徽因在海里学游泳。黛丝不停地教着林徽因划水的动作，等上岸休息的时候，她们就用沙子把自己埋起来，一起晒太阳。最小的妹妹做了一个沙雕城堡，就在快要大功告成的时候，城堡突然坍塌了。于是，她冲黛丝喊道：“快来帮忙，工程师。”

林徽因疑惑地问：“黛丝，妹妹为什么叫你工程师？”

黛丝说：“我喜欢建筑，我以后想当一名工程师。看到你身后的那座王宫了吗？我明天去素描，我们一起去吧，你和我讲讲你们国家的建筑。”

林徽因问：“建筑？不就是盖房子吗？”

黛丝摇着头说：“建筑，不只是盖房子那么简单。它是一门艺术，就像诗歌和绘画一样，它有属于自己的语言。”

第一次，林徽因为建筑心动了，她注视着远处的宫殿，心情久久不能平静。从那以后，她便带着憧憬仔细地观察了这个异国城市的建筑以及每一处景观。

英国的城市多数都将大教堂作为城市的中心，唯独布莱顿不是，它的标志性建筑是英皇阁。英皇阁建于1815年，是当时里根特王子为了方便与他的情妇幽会而特意建造的这座宫殿。那位里根特王子，也就是后来的国王乔治四世。他对布莱顿有着别样的情怀，他觉得这里可以远离伦敦，远离那些只知道拍马屁的人们，就像心灵的“避难所”一样。远离了昔日里隐晦的私情，留下的便是富丽堂皇的内在——东南亚风格的佛塔、宝塔和圆顶屋。

树枝形的装饰灯从宴会大厅中延伸出来，仿佛是从一条巨龙的口中探出一般。这里装修考究的餐厅，可以为客人提供一顿足足有20道美味菜肴的大餐，就连这里的铁柱子也被装饰成棕榈树的样子，极富艺术气息。而自从有了当年里根特王子的故事后，很多人纷纷前往，至今那里已经留下了很多乔治风格的建筑，还一度被冠以奢靡的帽子。对于林徽因来说，这里的每一处建筑仿佛都变成一首诗、一幅画，让她心旷神怡，醉心不已。同时，那一次布莱顿之行，也悄悄地开启了林徽因事业的大门。

也就是在这个时期，林徽因明白了建筑与盖房子的区别，懂得了建筑与艺术的完美结合。当她以全新的思维和视角再去看曾经看到过的庙宇和殿堂时，开始有了全新的理解和感受。她对未来事业的朦胧愿望也从那时开始萌芽。

有人说，林徽因是近代中国一位多才多艺的人，出生在封建大家庭，却又接受了最民主的教育，她是一位才华横溢的诗人、文艺评论家，也是我国重要的一位建筑学家。1944 年，百花文艺出版社出版了梁从诫编的《林徽因文集 · 建筑卷》。这是林徽因在建筑学方面的第一本集子。里面收录了林徽因的一些建筑作品，收编了一些关于建筑考古、考古报告以及林徽因的一些随笔杂谈等。它的出版弥补了中国建筑学上的一些缺憾，是研究中国建筑不可或缺的史料之一。

佳人邂逅

《红楼梦》第三回，宝玉与黛玉初次见面，宝玉的第一句话便是："好生面熟，这个妹妹我曾见到过。"而黛玉一见也暗自吃了一惊，心中说道："好生奇怪，倒像是在哪里见过的。"而事实上他们并没有见过，只是灵犀所致，让他们产生了"似曾相识"的错觉。

这或许是人们口中常说的"缘分"吧。人们常说："有缘千里来相会，无缘对面不相逢。"有缘的人，纵然相隔万里，也终会相聚、厮守；无缘的人，即便相对而坐，也恍如陌路。

缘分重要吗？世人相信缘分，甚至将相遇和分离都归于缘分的深浅。

徐志摩，浙江海宁县（今海宁市）硖石镇人，历任北大、清华、平民大学教授，是中国文坛一颗璀璨的流星，是新月派的主要代表。他的诗在20世纪20年代的中国诗坛上曾经风靡一时。朱自清曾经对他有过这样的赞誉："现代中国诗人须首推徐志摩和郭沫若。"

徐志摩的父亲徐申如是浙江硖石巨富，家族以银行业起家。

徐志摩原是要子承父业的，北大毕业后，他就远赴美国哥伦比亚大学学习经济。然而他渐渐发现自己对经济并不感兴趣，反倒经常和一些文学家来往甚密，不久便辍学到欧美各国游历，后来因他更崇拜罗素，想要投身其门下，于是辗转来到了英国。

也许，希望与失望总是相辅相成的，失望的另一边站着希望。徐志摩千辛万苦来到英国，不料罗素到中国讲学，徐志摩等于扑了个空。到英国后，他为了结识英国作家狄更斯，便拜访了林长民。

一天，在英国伦敦经济学院留学的江苏籍学生陈通伯，到林长民的公寓拜访，随行的还有一个高高瘦瘦的、穿着一袭飘然长衫的青年。陈通伯介绍说："这位叫徐志摩，浙江海宁人，在经济学院从赖世基读博士学位，敬重先生的道德文章和书法艺术，慕名拜访。"

在伦敦讲学的林长民，远离了政治的困扰，倒很乐意和青年人交朋友。看得出，林长民对这个玳瑁镜片后面闪动着迷离目光的青年颇有好感。他们交谈甚欢，林长民当着这个还不熟悉的青年的面喊林徽因的乳名"徽儿"。

林长民问徐志摩："徐先生府上在海宁什么地方？"

"硖石。"徐志摩回答。

"硖石？"林长民的眼睛一亮，激动地说道，"家父曾任海宁知府，硖石我是去过的，镜一样的平原上，镇两侧兀自矗起两座秀丽的山峰，你们那里叫'双山'。东山很美，那时我还小，常爬到山坡上去，那山坡上有种浮石，放在水里沉不下去；西山有一种芦苇，丢到水里却一下就沉下去了，你说怪不怪？"

徐志摩笑着说："浮石、沉芦，是硖石两件罕事，难得你还记得那么清楚。”

一句“浮石、沉芦”，瞬间拉近了两个人的距离。最后两人索性用家乡话聊了起来，在一旁的林徽因听得一头雾水。

乡音如水，瞬间消融了初识的距离。那一晚，一老一少谈了很久。从此，徐志摩便成了林家常客。

林长民甚至告诉徐志摩自己曾经在留日期间爱上一个日本女孩，还与他分享自己对于婚姻的看法和感受。而徐志摩则与他分享自己留美的经历，坦诚自己对学业的厌倦等。于是，这种坦诚的沟通，让这段忘年的友谊在短短的时间内突飞猛进，一度还发展到后来二人互通“情书”的地步。徐志摩装作一个有夫之妇，林长民则扮一个有妇之夫，他们假扮彼此在不自由的情况下相爱，所以只能通过书信来倾诉绵绵情意。

更有趣的是，徐志摩在回国之后还公开发表了一封林长民给他的“情书”。林长民的浪漫才情在很大程度上激发了徐志摩内心的激情，让他变得更加开放和活跃，思维更加广阔和灵敏。他说，当时他们两人“彼此同感‘万种风情无地着’的情调，这假惺惺未始不是一种心理学叫作‘升华’的”。

后来，在林长民死后，徐志摩还写过一篇感情沉痛的悼文。他在文中详细地谈到了自己对林长民的敬佩之情，以及二人真挚、深厚的友谊，一种“人生得一知己足矣”的感叹让人无限感慨。他写道：

谁有你的豪爽，谁有你的倜傥，谁有你的幽默？你的锋芒，即使露，也绝不是完全在他人身上应用，你何尝放过你自己来？对己一如对人，你丝毫不存姑息，不存隐讳，这就够难能，在这无往不是矫揉的日子，再没有第二人，除了你，能给我这样脆爽的清淡的愉快。再没有第二人在我的前辈中，除了你，能使我感受到这样的无“执”无“我”精神。

英国人喜欢喝下午茶，这已经成了英国人的传统。身处异乡的林家也入乡随俗。每天下午 4 点，也是林家的下午茶时间。林家的下午茶，是纯正英国式的，但茶壶却是传统的中国帽筒式茶壶，壶上还加一棉套用以保温，客人喝茶时，林徽因便端上几碟热腾腾的小点心。

徐志摩还常常带着三五个好友一同陪林长民聊天。兴之所至，林长民便会铺开宣纸，呼林徽因磨墨，落笔生辉，赢得一片喝彩之声。林长民的即兴之作往往如神来之笔，颇显功底，常常是墨迹未干，就被来客收为至宝。

林长民写字陶然忘己，林徽因便和徐志摩在里屋说话。

电视剧《新白娘子传奇》中，那个老艄公唱到“十年修得同船渡，百年修得共枕眠”。后人又说，我在佛前求了五百年，只为今生和你的一次擦肩而过。我想，林徽因和徐志摩的相遇，他们的前世，在佛前修了多少年，才换取了他们今生的相遇相知。

随着和林长民交往的深入，徐志摩与林徽因也熟络了起来。他渐渐发现，这个梳着两条小辫的小姑娘，虽然一脸的不谙世事，俊秀可爱，但是思维异常活跃，颇有见识。尤其是她对文艺作品的理解和悟性，已然超越了她的年纪。林徽因外表的美丽、一颦一笑间透出的大家闺秀的气质都让徐志摩赞叹不已。而随着交往的增多，林徽因的聪慧、幽默、追求独立、坚持己见等内在的品质，越来越夺目，让徐志摩愈发倾心。

他们常常一起谈论各地见闻、风土人情、文学艺术、故家旧事，等等。尤其是文学，更是让两个人有着说不完的话题。徐志摩自身就有种与生俱来的、浪漫不羁的诗人气质。尤其在进入剑桥大学学习之后，他阅读了华兹华斯、拜伦、雪莱、哈代、艾略特等著名诗人、作家的作品，内心的浪漫主义激情终于找到了滋生的土壤；而林徽因对文学艺术也是充满热爱，她正以一颗敏感的少女之心细细地感受着、想象着这个世界。

他们会一起讨论某个作家的风格、某首诗歌的韵味，常常为了相同的见解而雀跃，偶尔也会出现意见上的分歧，争论得面红耳赤。但徐志摩已经开始不自觉地扮演了一个导师的角色，正牵着她走进了英国诗歌和英国戏剧的世界，那从未有过的新美感、新观念、新感觉，让林徽因痴迷不已的同时也迷惑了他自己。就是在这种频繁而又让人着迷的交往中，徐志摩渐渐地对林徽因"倾倒至极"，他觉得自己终于找到了理想中的灵魂伴侣。他将自己的感情在日记中尽情地宣泄，而当灵感闪现时，他便给林徽因写信倾诉。

一天，林长民放下笔时，他们正从里屋出来，林长民居然脱口对房中的陈通伯等客人叫道："你们看，我家徽儿和志摩是不是天生的一对？"

话音未落，林徽因和徐志摩顿时红了脸颊。而满屋的客人也都错愕不已，大家都知道，那时的徐志摩早已有了家室。而家世非同一般的林家怎么可能让自己的女儿屈尊当人家的妾呢？

那时，林徽因 16 岁，正是最美的年华，而徐志摩 24 岁，一个如此年轻、风流倜傥的才子。林徽因面容姣好，眼神灵动，有着那时旧中国女性所罕见的大气与婉约，以及水一样灵动的气质；徐志摩长相俊俏，风度翩翩，有着诗人般的气质，温文儒雅。她为他迷惑，他为她醉心。

然而，徐志摩那时已经是两个孩子的父亲了。他追求婚恋自由，却也遵从父母的意愿娶了从未谋面的张幼仪。在这场没有爱情的婚姻里，徐志摩没有投入半分感情，他甚至无时无刻想结束这个错误，重获新生。他是多情的，但面对张幼仪时，他却提不起半分柔情和浪漫，甚至不愿意去承担一个丈夫应承担的责任和义务。

世间的事物往往就是这样令人无法揣摩，徐志摩对贤淑稳重的张幼仪冷漠寡情，而对再次相遇的林徽因却倾心不已。他认定林徽因就是他多年来梦寐以求的女子，这朵清雅的白莲已经深深地种在了他的心底，永生再难忘记。

康桥之恋

康桥，英国著名的剑桥大学一隅。如今，人们只要一看到它的名字，都会情不自禁地想象当年在柔波荡漾的康桥上，两个相拥的身影，也会想到那颗黯然情伤的孤独的心。但也只有康桥，才配得起这段经典的相恋。徐志摩那首《再别康桥》，字字句句惊扰了多少醉在爱中的人们，让所有读过它的人，都仿佛跟随他到了那里，沉迷在康桥的水中黯然神伤。

两个江南的才子佳人在异国他乡相逢，渐渐熟悉的两个人坐在英式的温暖的壁炉前，畅谈文学，聊音乐，回忆梦中的小巷和烟雨，憧憬未来的蓝图。哪怕什么也不说，两个人就默默地坐着，依然在沉默中流淌着心灵的惺惺相惜。

那一夜，很晚，林徽因送徐志摩回去，天空中依然弥漫着如丝的雨雾，两个人并肩而行。

几片叶子随风飘落，徐志摩感叹着，秋天到了。

那时的徐志摩，内心是忧伤而迷茫的，人生充满未知和变数。

他写了一首诗，问林徽因愿不愿意听他念。林徽因点点头。

于是，他吟着：

草上的露珠儿
颗颗是透明的水晶球，
新归来的燕儿
在旧巢里呢喃个不休；
诗人哟！可不是春至人间
还不开放你
创造的喷泉！
嗤嗤！吐不尽南山北山的璠瑜，
洒不完东海西海的琼珠，
融和琴瑟箫笙的音韵，
饮餐星辰日月的光明！

她情不自禁地和道：

诗人哟！可不是春至人间，
还不开放你
创造的喷泉！

徐志摩眼前一亮：

这一声霹雳
震破了漫天的云雾，
显焕的旭日

又升临在黄金的宝座;
柔软的南风
吹皱了大海慷慨的面容;
洁白的海鸥
上穿云下没波自在优游。

林徽因又和道:

诗人哟!可不是趁航的时候,
还不准备你
歌吟的渔舟!
……

徐志摩赞叹道:“林徽因,你的句子太美妙了!”而她,却用双手捂住了脸,任由泪水溢满眼眶。这时,晚祷的钟声响起,徐志摩停住了脚步,把手伸向她,而她却将手电筒塞给了徐志摩。

还有一晚,海德公园。

当他们踏上石桥台阶的时候,徐志摩温柔地问道:“林徽因,在这样的时候,你最想干的一件事是什么?”

她笑而不语,只是伸手摘下一片柳叶,轻轻地衔在嘴上。

“我很想像那些英国姑娘一样,用长篙撑起木船,穿过一座座桥洞,可惜我试过几次,那些篙在我手里不听摆布,船不是原地打转,就是没头没脑地往桥墩上撞。”徐志摩说。

林徽因依然默不作声地走着。

“你知道康河最美的是什么?是这雾,这月光。它像母亲一样梳理你的发丝，擦你眼角的泪滴。有了这雾，这月光，你才不会感到无家可归。”徐志摩继续说，“你知道吗？不是谁都有这种感受的。这美总是给你一种战栗，这才是美的真正本质。没有战栗，美也就没有了。你知道这座桥吗？”

他们走上国王学院的“数学家桥”时，徐志摩接着侃侃而谈：“这座桥没有一个钉子。1902 年，有一些物理学家出于好奇，把桥架拆开来研究，最后无法复原，用了钉子才重新组装起来。每一种美都有它固有的建构，不可随意拆卸。人生就不同，你可以更动任何一个链条，那么，全部的生活也就因此而改变了。”

那个时候，林徽因总是默默地听他说话，注视着他玳瑁镜片后面那双眼睛。

“我想，我以后要做诗人了。徽因，你知道吗？我查过我们家的家谱，从永乐以来，我们家里，没有谁写过一行可供传颂的诗句。我父亲送我出洋留学，是要我将来进入金融界的。徽因，我的最高理想，是想做一个中国的 Hamilton（汉密尔顿，美国历史上著名的资产阶级政治家、联邦党领袖，曾任财政部部长）。可是现在做不成了，和你在一起的时候，我总是想写诗。”

……

那晚，徐志摩一直在说，而林徽因一直沉默。

有人说，他们之所以相爱，很大程度上是因为寂寞。人往往在孤独的时候，尤为渴望能有一个可以和自己畅谈内心、交换灵魂的人。但无论是什么，爱了，便是如此。虽然，他们的承诺，距离也只有那一晚。

不能否认，是康桥唤醒了他们原本平静的心，虽然之前他们也是有着诗意的情怀，但真正写的诗却鲜少。直到后来，徐志摩深情地说：“我的眼是康桥帮我睁的，我的求知欲是康桥给我拨动的，我的自我意识是康桥给我胚胎的。”

只是，康桥的记忆少不了那个叫林徽因的女子，否则，康桥在徐志摩心里也就仅仅是一个普通的存在了。

他们的爱是如此深刻和厚重，以至于几乎忘记了他们的相逢本就是一场动人的错误。他们甚至一度不愿意回到现实，宁愿在幻想中彼此拥有。然而，现实就是现实，那一把尖锐的匕首将无情地刺破美景。

蓝色的布莱顿海湾

阳光下的海，浪花的颜色热烈而澄明。浩瀚的一片，一望无际的蓝色让人沉醉，也让人沉迷，甚至没有人能说出那种蓝的复杂的内涵。松软的沙滩上，一排排太阳伞伫立着。一些十几岁的孩童在其间穿梭嬉戏，叫卖着手中篮子里的海鲜。他们用英格兰民歌样的嗓音叫卖着，吸引了来自各地和国家的海浴者。

不远处的皮尔皇宫——大英帝国摄政时代的王宫，拥有着东方神秘的色彩，是这座小城最豪华、最漂亮的海外休闲别墅。

在伦敦时，林长民为林徽因聘请了两位老教师，一位辅导她英语，另一位辅导她钢琴。教她英语的菲利普是个朴实而忠厚的人，菲利普和她的女儿都住在林长民的寓所，于是，没过多久她们就成了林徽因的朋友。并且，林徽因爱屋及乌，和菲利普的亲友们也都相处融洽，来往亲密。

菲利普的姻戚克柏利有一家糖果厂，林徽因经常跑去吃他的可可糖，估计前后吃了不少于3木箱。许多年后，林徽因回忆起时，仍无限感慨。还有一位叫柏烈特的医生，他有5个漂亮的女儿：吉蒂、黛丝、苏珊、苏娜、斯泰西，每一个都亭亭玉立，和林徽因都玩儿得很愉快。林徽因和她们一起去布莱顿海湾度假。

一个星期以后，她收到了父亲和徐志摩的信。父亲在信中说：

得汝来信，未即复。汝行后，我无甚事，亦不甚闲，匆匆过了一个星期，今日起实行整理归装。“波罗加”船展期至十月十四日始行。如是则发行李亦可少缓。汝如觉得海滨快意，可待至九月七八日，与柏烈特家人同归。此间租屋，十四日满期，行李能于十二三日发出为便，想汝归来后结束余件当无不及也。九月十四日以后，汝可住柏烈特家，此意先与说及，我何适，尚未定，但欲一身轻快随便游行了，用费亦可较省。老菲利普尚未来，我意不欲多劳动他。此间余务有其女帮助足矣。但为远归留别，姑俟临去时，图一晤，已嘱他不必急来，其女九月梢入越剧训练处，汝更少伴，故尤以住柏家为宜，我即他住。将届开船时，还是到伦与汝一路赴法，一切较便。但手边行李较之寻常旅行不免稍多，姑到临时再图部署。盼汝涉泳日谙，心身俱适。八月二十四日父手书。

林徽因对父亲信中提及的临行前的准备没有十分在意，倒是徐志摩的那封英文信，让她的心情格外沉郁，一时间心中像是长出了很多拔不断的丝，抽得她心里隐隐作痛。信中满溢的哀怨，让她感到迷茫。她甚至不知道该怎样给徐志摩回信。

而这时，吉蒂也收到了恋人威廉的信，她开心极了。威廉是教吉蒂骑马的教师。吉蒂有一匹名叫“好新闻”的马，在威廉的训练下，变得既敏捷又驯良。但是柏烈特医生并不那么高兴，父女俩还因此吵了架，因为威廉早已娶妻生子，父亲不同意吉蒂与他交往。

在与父亲吵架后，吉蒂对林徽因说："威廉有没有妻子，我并不在乎，但是我父亲却很在乎。他不知道爱情有自己的法典，我们不是小说里的人，不可以只留下一个凄美的回忆，我们要朝夕相处，生活在同一个时空下，我们的人生只有一次，这才是唯一的筹码，难道不应该是这样吗?"

吉蒂的话让林徽因陷入沉思。因为徐志摩也是有妻室的人。而戏剧性的是，威廉的信总是和徐志摩的信同时到达，几乎每天都有。苏姗和安妮每次取信回来，都乐不可支。她们还给他们的信起了绰号：把威廉的信叫"好新闻"，把徐志摩的信叫"玳瑁先生"。

一天，黛丝约林徽因去皮尔皇宫画素描。那座皇宫的设计是典型的东方阁楼式的，大门口还挂了两个颇有中国特色的八角灯笼。这让林徽因的脑海里顿时浮现出了小时候的情景，在上海爷爷家，屋里也挂过一对这样的灯笼。

爷爷林孝恂（1914 年病逝）早年还参加过孙中山革命运动，林徽因的堂叔林觉民、林尹民是广州黄花岗烈士。祖母游氏（1911 年病逝）生有五女二子。父亲林长民是家中的长子，当时是南京临时政府参议院秘书，派驻北京。叔叔林天民在日本留学，学习电气工程。大姑林泽民、三姑林嫄民、四姑林丘民、五姑林子民，虽都已出嫁，但大部分时间住在家中。一大群表姐妹天天在一起，每到春节时，爷爷就带着她们用绢纸扎灯笼，五颜六色地挂在门庭里。与林徽因最要好的是大姑家的表姐王孟瑜和二姑家的表姐郑友璋。二姑去世早，表姐郑友璋一直在她家里长大。

爷爷最喜欢的是林徽因。她在杭州出生，在爷爷身边长大。没上小学前，由大姑母林泽民教她认字，唐诗、宋词教她一两遍就能很熟练地背下来。8岁那年，祖父由杭州移居上海，住虹口区金益里，林徽因与表姐妹们入附近爱国小学，读二年级。父亲的来往信函全由她承转，大娘、二娘的信全由她代笔，父亲的来信也总是写给她。父亲很喜欢她，经常寄些吃的和玩的东西给她。

9岁那年，父亲林长民把家迁到北京前王公厂旧居，林徽因一人留沪陪爷爷，直到第二年爷爷搬到北京，她与表姐妹们同入英国教会学校培华女子中学读书。

袁世凯称帝时，全家迁居天津英租界红道路，父亲独留京中。那时同母妹妹麟趾刚病逝，二娘生的几个弟妹都还小，燕玉、林桓，大的刚刚2岁，小的不足半岁，经常生病，二娘程桂林也患肋膜炎，家里许多事，都由林徽因处理。

1917年，张勋复辟，全家又迁往天津自来水路。父亲林长民去南京，林徽因独留北京看家。同年7月，父亲担任了段祺瑞内阁司法总长，举家由津返京。1918年父亲卸任后不久便与汤化龙、蓝公武去日本游历，林徽因感到寂寞，一个人在家里编了一本字画目录。父亲回来后，她兴致勃勃地拿给父亲看，满怀期望得到夸奖，父亲却以为不实用，林徽因为此难过了好几天。

林长民一直把林徽因视同知己，有什么事总是同她商量。吉蒂为此很羡慕林徽因，为了她和威廉的事，她与她的父亲已经好几天不说话了。

度假结束以前，林徽因又收到了父亲的来信：

读汝致壁醒函，我亦正盼汝早归。前书所云与柏烈特家同回者，如汝多尽数日游兴了。今我已约泰晤士报馆监六号来午饭，汝五号能归为妙，报馆组织不可不观，午饭时可与商定参观时日。柏烈特处，我懒致信，汝可先传吾意，并云九月十四日以后我如他适，或暂置汝其家，一切俟我与之面晤时，决定先谢其待汝殷勤之谊。八月三十一日父手书。

壁醒是老菲利普的女儿，她的母亲和妹妹雷茵娜彼时正在中国，住在林徽因家里。前不久，父亲同壁醒一起看望了糖厂主克柏利。克柏利是老菲利普的姻亲，他同柏烈特医生一样，也是林长民的老朋友。林徽因一年吃的糖不下三木箱，全由克柏利供给。林徽因不能去辞行，只好写了封信请壁醒代劳。

威廉来了。

威廉是骑着"好新闻"来的，那是一匹乌青色的高头大马，毛色如同绸缎般光滑，在太阳下闪着光，最漂亮的是它的鬃毛，威廉给它梳了许多小辫儿，修剪得整整齐齐。见到吉蒂，"好新闻"也亲昵地闻了闻她的手。威廉在旁默默地笑着。

威廉是一个很漂亮的小伙子，他一头栗色的卷发衬托着一张很英俊的脸庞，鼻梁挺拔，嘴唇棱角分明，穿一身雪白的猎装，显得十分潇洒。

他彬彬有礼地向柏烈特医生问候，柏烈特却转身走开了。

吉蒂勇敢地扑到威廉的怀里问："威廉，能带我走吗？"威廉很郑重地点了点头。

吉蒂拍拍"好新闻"的头，转身上马，对林徽因说："再见吧，菲利斯。好好爱你的玳瑁，别让他失望。”威廉也飞身上马，他用脚轻轻磕了一下“好新闻”的肚皮，“好新闻”飞跑起来，很快消失在林荫道的尽头。

度假就要结束了。20天来，林徽因的游泳技术大有长进，已经能随柏烈特医生游到很远的地方了。

更重要的是，20天来的海滨生活，让她有时间去思考原来懵懂的爱情，吉蒂和威廉的爱给了她许多启迪，她决心做出自己的选择。

站在海边，海风把浪涛推涌到她脚下，又迅速退去，仿佛它洞悉了一切奥秘。

转身天涯

电视剧《似水流年》中，历尽沧桑的男女主角若干年后再次相见时，有这样一段对白：

"我们相爱过吗？"

"相爱过。"

"多久？"

"好像是一瞬间。"

"那剩下的呢？"

"剩下的，是无尽的挣扎和惦念。生命中没有奇迹。"

是的，生命中没有奇迹，有的，只是无尽的挣扎和惦念。

命运，在康桥上雕琢了爱情的烙印，康桥，又将悲欢离合传递给每一个从桥上走过的人。我想，那时的林徽因是真的爱了，所以，她情愿和徐志摩一起在康桥上说出爱的诺言。

然而，林徽因又是个清醒的人，她不愿背负太多枷锁，当她做了决定以后，便义无反顾、坦然平静地转身。

那时，徐志摩几乎每天都要去找林徽因，他们一起畅谈诗歌，加上徐志摩和林长民还是挚友，他骨子里的诗情和才气，让林长民颇为欣赏。但作为林徽因的父亲，林长民是理智而清醒的，他知道徐志摩早已有了家室，何况自己和好友梁启超也有过口头之约，将林徽因许配给梁思成。所以，他不阻止他们相爱，却不能谈及婚嫁。

于林徽因而言，她自然有天性的浪漫和热情，做梦的时候，她可以天马行空，也可以比任何人更有诗意，然而一旦从梦中醒来，她也有着不同常人的理智和决绝。后来，林徽因曾说过这样一段话："他如果活着，恐怕我待他仍不能改变，事实上也是不大可能，也许那就是我不够爱他的缘故。"

林徽因一直不愿意承认自己对徐志摩的爱恋有多么深，她不想为一段没有结果的感情做无谓的挣扎。她清楚地知晓在感情的另一边，还有一个温良的女子，安分守家，侍候公婆，甚至对于丈夫的背叛，依然默默忍受。

无法想象，一个如此深情的男子，会出现冰火两重天的情感，一面是柔情似水，深深眷念；一面却是冷漠无情，弃之不理。世人气愤也罢，痛心也罢，我们不得不承认，人生总是不圆满的，爱情与现实往往是不可调和的冲突。鱼和熊掌兼得的爱情，与爱情相去甚远。

我想，徐志摩对妻子的态度对林徽因也许是有影响的，再纯粹的爱情，在柴米油盐和时间面前都会淡化。当大家所谓的三年之痛、七年之痒后，徐志摩的爱情还会如现在这般炽烈吗？

如此，以林徽因的聪慧，她岂能让自己沉陷在那样纠结而无果的感情中作茧自缚呢？她既要让自己洒脱地告别，也要留给对方足够的空间。她不恨另一边那默默无闻的女子，她更多的是同情和怜惜。她明白爱情与相守有时会冲突，爱一个人并不一定要拥有他。

所以，林徽因选择了转身，她也害怕受伤，所以她让自己仓促地离开，以至于来不及和对方道别。这样的结果，自然让深陷其中的徐志摩痛心不已，他为此一个人在康桥徘徊，失魂落魄地追寻着她曾经的足迹。而他却连怨她的勇气都没有，因为他明白林徽因这么做的原因，他懂她。

1921 年 10 月，林长民出国考察期满，林徽因毅然跟随父亲乘坐海轮“波罗加”号回国。回国后林徽因在培华女子学校继续学习。表面看上去，她依然清纯而淡然，嘴角依然挂着淡淡的微笑，然而没有人知道她微笑的背后，是负伤而逃的痛。

她爱了，也正因为爱了，她明白和徐志摩之间隔着什么样的现实。虽然她是个有留洋经历的新女性，但骨子里却还保有传统的思想。她是没有办法去接受一个有妇之夫的，即便徐志摩肯为了她放弃婚姻，抛弃张幼仪，但是清高如她，又怎么肯接受牺牲第三个人换来的感情呢？所以，她才会这么决绝，而宁愿把这一切深埋在记忆中。说她过分理智也好，说她过分软弱也好，或者说她根本就不够爱徐志摩也好。她不愿背负过去，只想平和、安定地过好当下的生活。

我情愿化成一片落叶，
让风吹雨打到处飘零；
或流云一朵，在澄蓝天，
和大地再没有些牵连。

但抱紧那伤心的标志，
去触遇没着落的怅惘；
在黄昏，夜半，蹑着脚走，
全是空虚，再莫有温柔。

忘掉曾有这世界；有你；
哀悼谁又曾有过爱恋；
落花似的落尽，忘了去
这些个泪点里的情绪。

到那天一切都不存留，
比一闪光，一息风更少
痕迹，你也要忘掉了我
曾经在这世界里活过。

这是林徽因的诗《情愿》，决然得令人惊叹。也许，这就是她的个性使然，她原本就是这样沉静的，当人们以为转身后，爱会幻化成片片相思，扰人一世梦境，但她却做到了不留痕迹。

林徽因走了。

徐志摩没有选择追随。

他开始在痛苦和思念中写诗，康桥、月色、树林，所有和林徽因有关的一切都让他备感悲戚，各种强烈而又无法言说的情感围绕着他，纠缠着他，让他几乎要窒息。

那年的秋季我一个人回到康桥，整整有一学年，那时我才有机会接近真正的康桥生活，同时，我也慢慢的“发见”了康桥。我不曾知道过更大的愉快。

我一辈子就只那一春，说也可怜，算是不曾虚度。就只那一春，我的生活是自然的，是真愉快的（虽则碰巧那也是我最感受人生痛苦的时期）！我那时有的是闲暇，有的是绝对单独的机会，说也奇怪，竟像是第一次，我辨认了星月的光明，草的青，花的香，流水的殷勤，我能忘记那初春的眼吗？曾经有多少个清晨我独自冒着冷去薄霜铺地的林子里闲逛——为听鸟语，为盼朝阳，为寻泥土渐次苏醒的花草。

那时的林徽因还不到 18 岁，面对离别所表现出的坦然和平静已然超越了她的年龄。徐志摩是她生命中第一个男子，他几乎曾满足了她所有关于美好爱情的向往，但缘分就是如此，他们都无力改变。

正如徐志摩在诗中说的：“你有你的，我有我的，方向。”他们之间无所谓谁辜负了谁，无法超越现实的选择，反而对他们是最好的安排。各自转身，彼此遥遥相望，默默牵挂，也不失为一种幸福。

第三章　各自真爱各自修

记得张爱玲爱上胡兰成时说过：“在你面前我变得很低很低，低到尘埃里。但我的心里是欢喜的，从尘埃里开出花来。”

也许，当一个女人爱上一个男人时，真的会低到尘埃里，只因心中有你。当徐志摩在那个如蝴蝶般美丽的女子身边游走时，是否留意过身边的张幼仪为他低眉垂首，无悔生养。他可以为林徽因写下情真意切的诗句，对张幼仪却是冷眼旁观。也许人们会说他们之间没有缘分，各自真爱，各自修行。

细说幼仪

爱到底是什么，对徐志摩、林徽因、张幼仪、陆小曼而言，他们每个人对爱的真谛是不一样的。林徽因对徐志摩是爱，张幼仪对徐志摩也是爱，陆小曼对徐志摩同样是爱，只不过，她们有人爱得清醒，有人爱得平和，有人爱得热烈罢了。

也许，我们应该对徐志摩宽容一些，原谅他对张幼仪做过的那些残忍的事。只是，任何缘由都无法抵消他对她的冷漠。而一切的源头，都将归于林徽因。多年后，当林徽因在病榻上见到张幼仪时，满心愧疚。可惜，此时的张幼仪早已不是当初低到尘埃里的那个女子。

张幼仪，既是徐志摩的第一任妻子，又是徐志摩的父亲、徐氏家族大家长徐申如疼爱的儿媳兼养女。在她的身上，既有旧式女子三从四德的忍耐，又有新女性的奋发图强。她曾遭遇人生最沉重的伤痛，但她意念中那种执拗的力量，强大到最终助她华丽转身，成就了自己的商业辉煌。

张幼仪，族谱名嘉玢，1900 年出生于江苏宝山（今属上海市宝山区）的书香世家。她的祖父曾做过清朝知县，父亲张润之以行医为业，家境殷实。张幼仪是家中第二个女孩，她的二哥张君劢（音同“迈”）早年留学日本，曾是末代翰林，也是与梁启超有师生之谊的革命党人；四哥张嘉璈，从事银行业22年，历任中国银行总经理、中央银行副总裁、中央信托局局长等职。

13岁的张幼仪，当时正在江苏都督程德全创办的江苏省立第二女子师范学校读二年级。那时的她，有父兄的疼爱，花一样的年纪，花一样的生活。

她的四哥张嘉璈，时任浙江都督朱瑞的秘书，在一次巡视学校时他发现杭州一中有一位才华横溢的学生，当即被他的才华所倾倒，立即写家书，将自己最疼爱的妹妹许配给他，他就是徐志摩。徐家当时已是江南富商，与有着庞大的政治经济地位的张家联姻，张家主动提亲，对徐志摩的父亲来说是求之不得之事，徐父申如立即定下了二人的婚约。两年后，双方家长为张幼仪和徐志摩操办了一场极其隆重的旧式婚礼。

15岁的张幼仪辍学嫁到浙江做起了少奶奶。四哥告诉她，徐志摩才华横溢，出口成章。这样优秀的男子她没有理由不嫁，只是在她满心欢喜时，却没有注意另外一位主人公的意见。徐志摩当时只有一句话：“媒妁之命，受之于父母。”

张幼仪3岁那年，像所有旧时女子一样要缠足，她曾听过一笑话，说古代女子缠足是因为怕她们不安分地待在后院，怕她们跑了，男人管不住。当时听到这话只是一笑了之，现在想来，女子缠足，也等于折断了自己的翅膀，从此住在一个小院子里，望着那四角四方的天，一颗心扑到丈夫身上，再无其他追求。

缠足到第四天，二哥张君劢再也忍受不了妹妹那痛苦的尖叫，便出面阻止。就这样，她成了张家第一个天足女子。但在徐志摩眼里，仅仅拥有天足，并不等同于新女性，“对于我丈夫来说，我两只脚可以说是缠过的，因为他认为我思想守旧，又没有读过什么书”。

徐志摩提出离婚时，张幼仪孤身在外，而且身怀有孕，无奈，只得向正在巴黎访学的二哥张君劢求助。张君劢在回信中劈头第一句却是：“张家失徐志摩之痛，如丧考妣。”然后告诉妹妹：“万勿打胎，兄愿收养。抛却诸事，前来巴黎。”

想来，张家也是十分在意徐志摩的，只是，此时的徐志摩，心里已经有了康桥的种子，再也顾及不到其他了。

张幼仪到法国后，被二哥张君劢安排到乡下朋友家里。那一段时间，张幼仪反躬自省，发觉自己的很多行为表现的确和缠过脚的旧式女子没有两样。“经过沙士顿那段可怕的日子，我领悟到自己可以自力更生，而不能回徐家。我下定决心：不管发生什么事情，我都不要依靠任何人，而要靠自己的两只脚站起来。”

与徐志摩离婚后，徐家仍视张幼仪为自己人，每月寄给她生活费，而此时的张幼仪，早已不是当年的心性，她立志要靠自己，不再委身于任何男人的背后。终于，她做到了，她最终成了上海富豪。

1927 年初，张母去世，张幼仪带着阿欢回上海奔丧并留在上海。1931 年 11 月 19 日，徐志摩搭乘的飞机在济南党家庄附近触山爆炸，在合法妻子陆小曼无力操持的情况下，依然是张幼仪以她的冷静果断处理了一切。很难想象，当时的张幼仪是一种怎样的心情。徐志摩不喜欢她，在异国他乡，抛弃了怀孕的她，可她还是默默地为他做着一切。替他孝敬父母，照顾孩子，也送了他最后一程。

1949 年 4 月，张幼仪离开大陆移居香港。她的楼下邻居是位医生，叫苏纪之，他与妻子离婚，独自带着孩子生活。相处久了，两人日渐生情，但张幼仪骨子里的三从四德不允许她自己拿主意。夫死从子，无奈，只好给远在美国的儿子阿欢写信：“母拟出嫁，儿意云何。”相对于她，阿欢对这件事的看法较开明，也许是亲身经历母亲这些年的不易。他回信道：“母孀居守节，逾 30 年……母职已尽……母如得人，儿请父事。”

1953 年，53 岁的张幼仪和苏纪之在东京举行婚礼，之后共同生活了 20 年。1972 年，苏纪之患肠癌去世。张幼仪搬到美国，住在儿子家附近。1988 年，她以 88 岁高龄逝世于纽约，安葬在市郊墓园，墓碑上刻着“苏张幼仪”4 个字。

关于张幼仪的人生经历，她自己曾说过，“我一直把我这一生看成两个阶段：‘德国前’和‘德国后’。去德国以前，我凡事都怕；去德国以后，我一无所惧”。梁实秋在《谈徐志摩》一文中，对张幼仪评价得最为中肯：“她沉默地、坚强地过她的岁月，她尽了她的责任，对丈夫的责任，对夫家的责任，对儿子的责任——凡是尽了责任的人，都值得尊重。”

情深缘浅

1920年，生下长子后的张幼仪应丈夫的要求，千里迢迢到了英国。然而，当张幼仪真正站在徐志摩的面前时，徐志摩却迟疑了。

后来，张幼仪这样回忆当年到达马赛港时徐志摩的神情：

> 我斜倚着船舷，不耐烦地等着上岸，然后看到徐志摩站在东张西望的人群里，就在那时候，我的心凉了一大截……他是那堆接船的人当中唯一露出不想到那儿去的表情的人。

在英国沙士顿的那段日子，于他们二人来说有着不同的意义。张幼仪觉得很幸福，因为那是和自己的丈夫朝夕相处的日子；而徐志摩却视其为一次选择的机会，让自己狠下心的机会。在林徽因和张幼仪之间，爱情与婚姻之间，理想与现实之间，他要做出取舍。然而，也正因为张幼仪和林徽因近在咫尺的比对，让徐志摩反而更加坚定了自己的想法。

一厢情愿憧憬美好生活的张幼仪以为只要自己能够追随，并努力寻找共同语言，便能赢得徐志摩的心。事实上却是：

我来英国的目的本来是要夫唱妇随，学些西方学问的，没想到做的尽是清房子、洗衣服、买吃的和煮东西这些事……他的心思飞到别处去了，放在书本文学、东西文化上面……我没法子让徐志摩了解我是谁，他根本不和我说话……我和自己的丈夫在一起的时候，情况总是："你懂什么？""你能说什么？"……

这是张幼仪后来对那段生活的回忆，不难想象，一个女子远赴异国他乡，一边要让自己努力适应陌生的环境和生活，一边要忍受自己丈夫的种种轻视和冷落，她的内心该有多么悲怆！

沙士顿是个只有几十户人家的小镇，虽然不大，却蕴含着中世纪英格兰郊野最具古典意味的情调。栗树的浓荫覆盖着参差错落的农舍，徐志摩和张幼仪就临时住在那里。在徐志摩每天早晨去剑桥大学的路上，有一家理发店，这个理发店也兼做邮亭使用，门口挂着一个模样古怪的信箱。镇上的大胡子邮差约瑟，怀里总是揣着一只扁扁的栗色酒瓶，每天都在村子里早、中、晚巡行3次，投送并接收沙士顿的来往信件。徐志摩和他很聊得来，而几乎每隔一两天徐志摩就会托他寄走写给林徽因的信。

几乎所有的信，满纸堆积着炙热的话语：

——也许，从现在起，爱、自由、美将会成为我终其一生的追求，但我以为，爱还是人生第一件伟大的事业，生命中没有爱的自由，也就不会有其他的自由了；

——烈士殉国，教家殉道，情人殉情，说到底是一个意思，同一种率真，同一种壮烈；

——当我的心为一个人燃烧的时候，我便是这天底下最最幸运又是最最苦痛的人了，你给予了我从未经过的一切，让我知道生命真是上帝了不起的杰作；

——爱就是让人成为人，你懂得爱了，你成人的机缘就到了；

——如果有一天我获得了你的爱，那么我飘零的生命就有了归宿，只有爱才可以让我匆匆行进的脚步停下，让我在你的身边停留一小会儿吧，你知道忧伤正像锯子锯着我的灵魂……

终于有一天，约瑟将徐志摩的一封淡蓝色的信交到张幼仪手中。她无意间拆开，还没读完，便觉天旋地转，几乎要窒息了。她努力让自己保持清醒，喘息着读完了整封信。她感觉世界要塌了，她怎么也没有想到这是来自林家大小姐的亲笔情书："我不是那种滥用感情的女子，你若真的能够爱我，就不能给我一个尴尬的位置，你必须在我与张幼仪之间做出选择……"直到这时，她才真正意识到，这个与自己绑在一起的男人，早已不属于自己，他的心和他的文字一样飞走了。

这半年多的时间里，徐志摩经常早出晚归，即便回到家后也常常沉默不语。她恨自己有多糊涂，在自己和丈夫为数不多的谈话中，每每必提林徽因；她也曾亲眼见过他们在一起时徐志摩魂不守舍的目光；她想起徐志摩有事没事总往理发店跑，但他的头发不催几次就想不起去剪……她的眼前突然一片漆黑，她猛然感觉到腹中那个小生命的存在。她还想起，当自己幸福满满地把那个消息告诉徐志摩时，他居然一脸的漠然。

这时，熟悉的车铃声在门外响起，她迎出门时脚步踉跄了一下，但马上又站稳了。她还像平常一样，欣赏地看着他放好自行车，抖抖长衫上的尘土，接着走进房间。饭菜早已备好，他们默默地一起进餐。吃过饭，张幼仪照例捧上一杯家乡的新茶，同时也把那封击碎了她的幸福的信递给徐志摩。

她默不作声地看着徐志摩读信，一杯接着一杯给他的杯里续着水。直到那杯茶淡得看不出颜色。徐志摩呆呆地盯着房间的角落，一只细脚伶仃的蜘蛛，正匆匆忙忙地织它的网……

沙士顿的田野上，铺天盖地的向日葵正开得热火朝天，仿佛是一片在秋风里燃烧的金色火焰。带着一脸惆怅和眷恋，张幼仪离开了这个给了她如此多复杂情感记忆的英格兰小镇，外冷内热的大胡子约瑟，从远方飘来一支歌送她一程，她的眼睛里和心里都是泪水。

而在张幼仪动身去德国柏林留学之前，徐志摩的老父亲频频来信，信中言辞激烈，一再申明，倘若儿子真的抛弃结发妻子，他将登报同他断绝父子关系，同时将家政大权交给张幼仪掌管。而后来的事实也证明了，这位性格倔强的老人直到生命的最后一刻也没有原谅儿子。

在另一个陌生的国度，张幼仪开始了新的生活，然而深深刻在她内心的伤，却一刻也没有停止过疼痛。她的心也如同结满的蚕茧，再也抽不出丝来了。

她，最爱他

“云母屏风烛影深，长河渐落晓星沉。嫦娥应悔偷灵药，碧海青天夜夜心。”我想，在那些海外的日子，张幼仪一个人，面对丈夫的冷漠、异乡的孤独，是不是也有李清照当年的心境。

她的男人要做“中国第一个离婚的男人”，她就不得不成为“中国第一个离婚的女人”。她就是张幼仪，徐志摩的原配夫人。时人曾有过这样的评价：“其人线条甚美，雅爱淡妆，沉默寡言，举止端庄，秀外慧中。”

在我们看来，这样的民国女子本应拥有一段美好的姻缘，然而这个世界上从不缺少遗憾和残缺，很多事情是无法强求的，尤其是感情。

因为徐志摩提出要一个新式的新娘，所以那天，张幼仪穿了件非常华丽的粉红色婚礼服，里面有好多层丝裙，最外面的一层裙子上绣了几条龙。头上戴了顶凤冠。看上去既是西洋式的又带点儿中国传统的风格。

婚礼上，15 岁的小新娘张幼仪粉黛含春，无限娇羞，有着少女清秀的气息。当徐志摩掀起她的盖头时，她也满心希望能看到爱人眼中的爱意，那一瞬间的惊喜。但是当徐志摩的手指刚刚触及她的发梢，她已然控制不了内心的狂跳，无法正视眼前的丈夫，最后她只看到他那尖下巴颏儿。莫名的慌乱过后，张幼仪也和所有的女子一样期待接下来的洞房花烛夜，期许四目相对的柔情，还期许温香软玉鸳鸯合欢。

然而，张幼仪终究失望了，桌上的红烛摇曳而灭之时，她的眼泪也不由自主地落了下来。徐志摩没有踏进洞房，而是躲到奶奶的屋里睡了一夜。无法想象张幼仪是怎样一个人守着烛火熬到天亮的，又是怎样在内心挣扎。但第二天一大早，她照常笑意盈盈地给公婆敬茶请安。这样知书达理的儿媳妇，心知肚明的公婆自然不会不管不问。于是，第二天晚上，徐志摩被父母和用人生生地推进了新房。这一夜，他们还是没有说话，一个是没有话，一个是不好意思说。而从此，沉默就在他们中间生了根，一直在蔓延，睡同一张床，盖同一床被，他们有性而无爱，身体自拥自抱。

我想，任何人也不想要这样的婚姻，张幼仪也不例外。然而，身处那样的时代，她不得不遵从兄长的决定，“想到了母亲的苦心，想到了四哥的慈爱，所以自己有什么理由不嫁给四哥相中的男人呢?”

住在空空的屋子里，看着窗外这四角四方的天，心里也是孤独的。这就是张幼仪婚后的日子，就像一个人孤零零地赤足站在悬崖边，风起时，那种无助和凉意是从脚底一寸一寸浮上来的。

于徐志摩而言，他在北京大学念了几年书，才貌兼有的女子见得多了，加上婚姻系父母包办，骨子里的背叛让他对张幼仪有着说不出的鄙夷。第一次见到张幼仪的照片时，徐志摩就轻蔑地评价为“乡下土包子”。

事实上，张幼仪并不土，只是她的个性稍显沉闷，这样缺乏情趣的性格自然很难赢得徐志摩的喜欢。也许是第一眼看见照片时印象就不好，婚后的徐志摩更是从没有正眼看过张幼仪。“除了履行最基本的婚姻义务之外，对我不理不睬。就连履行婚姻义务这种事，他也只是遵从父母抱孙子的愿望罢了。”而张幼仪也并非完全不解其中缘由，她选择了独自站在云端看风景，把一切都深埋在心里，自顾自地执着于他，爱着他。

1918 年，张幼仪义无反顾地为徐志摩生下了儿子徐积锴。看到孩子的瞬间，徐志摩是有些动容的，但仅仅限于那一刻。不久，徐志摩即远渡重洋，到美国的克拉克大学读书，后来又转入哥伦比亚大学，随后又去了英国的剑桥大学。也正是在剑桥大学，他遇到了此生的挚爱——林徽因。

徐志摩与林徽因的恋情，迅速在留学生中传播开来，最后还传到了身在欧洲的张君劢耳朵里。于是，得知情况的张君劢马上联系徐志摩，并劝说他把张幼仪接到这边来，提醒他对家庭的责任。于是，徐志摩给父亲和母亲写了封信，征求父母的意见。1920 年冬，张幼仪穿着旗袍出国了。

由于嫌弃张幼仪土气，徐志摩先是带她到巴黎买了洋装，接着两人拍了唯一的一张合影。尽管徐志摩敷衍的成分多些，但张幼仪的心里却备感幸福。最后，在英国沙士顿安顿下来后，张幼仪的生活就是围着小家打转，做饭、洗衣、拖地板，她想尽一切办法让丈夫高兴，然而徐志摩对于这些家务事并不领情，他的脸上永远都那么漠然。

不久，张幼仪怀孕，而此时的徐志摩正陷入对林徽因的迷恋，根本无暇顾及。听到妻子怀孕的消息，他马上表示：“把孩子打掉。”而当时的医学并不发达，打胎的危险性不言而喻。可陷入爱情中的徐志摩顾不了了，他想和林徽因在一起，他不想让孩子成为他的牵绊。徐志摩的反应让张幼仪愕然，她随即反驳说：“我听说有人因为打胎死掉的耶。”她试图改变徐志摩的想法，然而徐志摩抛出了一句更为无情的话：“还有人因为坐火车死掉的呢，难道就不坐火车了吗?”听了丈夫的回答，张幼仪呆怔在那里好半天，伤心不已，还能说什么呢？他的心从未为她停留过，哪怕是一瞬间。

终于，为了林徽因，徐志摩跟张幼仪摊牌了，向她提出了离婚的要求。尽管张幼仪的心中早已有预感，但当这一天真的到来时，她还是痛得不能自已。仿佛是自己最钟爱的那件旗袍，由于被虫蛀了没法再穿了，但是她又如何忘记往日它在自己身上绽放美丽的样子呢?

而徐志摩是断然不会理会她的心情和痛苦的，他一心只求离婚，早日挣脱这段婚姻的束缚。张幼仪也真是撕心裂肺地疼了，她迟迟没有表态。沉默了一个星期，徐志摩突然失踪了，仿佛蒸发了一样。但他的书，他的衣服，他的生活用具，所有和他有关的东西还依然在原处。张幼仪急了，怀着身孕的她身处异乡，举目无亲，她该怎么办呢?

就在这个时候，我考虑要了断自己和孩子的性命。我想，我干脆从世界上消失，结束这场悲剧算了，这样多简单！我可以一头撞死在阳台上，或是栽进池塘里淹死，也可以关上所有窗户，扭开瓦斯。徐志摩这样抛弃我，不正是安着要我去死的心吗？后来我记起《孝经》上的第一个孝道基本守则——身体发肤，受之父母，不敢毁伤，孝之始也。

在经历了若干天的煎熬、痛苦后，张幼仪开始求助于在法国留学的二哥和在德国留学的七弟。这时，兄弟们都向她伸出了援助之手，劝她留住这个孩子，并表示愿意收养。可以想象，正是这份难得的手足之情，支撑着张幼仪后来在德国柏林顺利生下了第二个儿子彼得。

而当她拖着身心俱疲的身体从医院回家后，失踪了的徐志摩又突然出现了，他是来找她离婚的。因为当时林徽因回国了，他的心也跟着走了。看着徐志摩急切而冷酷的脸，张幼仪表示："你要离婚，等禀告父母批准才办。"徐志摩强硬地说："不行！我没时间等！你一定要现在签字！"张幼仪知道一切已成定局，被迫签字离婚。

于是，第二天，经吴经熊、金岳霖做证，他们正式离婚。

这烦恼结，是谁家扭得水尖儿难透？
这千缕万缕烦恼结是谁家忍心机织？
这结里多少泪痕血迹，应化沉碧！
忠孝节义——咳，忠孝节义谢你维系。
四千年史髅不绝，
却不过把人道灵魂磨成粉屑，
黄海不潮，昆仑叹息，

四万万生灵，心死神灭，中原鬼泣！
咳，忠孝节义！

东方晓，到底明复出，
如今这盘糊涂账，
如何清结？

莫焦急，万事在人为，只消耐心共解烦恼结。
虽严密，是结，总有丝缕可觅，
莫怨手指儿酸、眼珠儿倦，
可不是抬头已见，快努力！

如何！毕竟解散，烦恼难结，烦恼苦结。
来，如今放开容颜喜笑，握手相劳；
此去清风白日，自由道风景好。
听身后一片声欢，争道解散了结儿，
消除了烦恼！

这是当年和“徐志摩、张幼仪离婚通告”一同刊登在《新浙江》副刊《新朋友》上的《笑解烦恼结》。寥寥数语，将徐志摩从婚姻中挣脱出来的雀跃表露无遗。

这成了中国历史上依据《民法》的首例西式文明离婚案。离婚协议签好后，徐志摩跟着她到医院看望小彼得，“把脸贴在窗玻璃上，看得神魂颠倒。他始终没问我要怎么养他，他要怎么活下去”。张幼仪的心彻彻底底地痛了，一股悲凉从指尖传来，她说：“我是一把秋天的扇子，是个被人遗弃的妻子。”

晚年的张幼仪在与友人聊天时，曾说：“你总是问我，我爱不爱徐志摩。你晓得，我没办法回答这个问题。我对这问题很迷惑，因为每个人总是告诉我，我为徐志摩做了这么多事，我一定是爱他的。可是，我没办法说什么叫爱，我这辈子从没跟什么人说过‘我爱你’。如果照顾徐志摩和他家人叫作爱的话，那我大概是爱他吧。在他一生当中遇到的几个女人里面，说不定我最爱他。”

落花与流水

情不知所起，一往而深。林徽因和徐志摩在康桥上留下了他们的足迹，一个长衣儒雅，一个白衣飘飘。但当一切都归于尘埃时，林徽因却选择了转身，让这段爱情散落在风尘。

徐志摩拽了一张帆布躺椅，在甲板上半躺半坐。他推了推眼镜，有些贪婪地大口呼吸着清新的空气，眼前这黄绿色的阳光，让他很自然地想到了比海更遥远的地方。

穿过直布罗陀海峡，“三岛丸”号轮船鸣笛三声，已经进入地中海了。海上刚刚经历过一场飓风，此刻的海面非常平静。黄绿色的阳光从船的后舷照射在水面上，仿佛一条条游动的鱼儿。飞鱼追逐着航船起起落落，还有几只胆子大的竟然落在了甲板上；不远处的蓝鲸自由自在地喷吐着飞泉。

这是 1922 年 9 月，徐志摩百感交集，搭乘这艘日本商船，已经在海上度过了好几天。他眯起眼睛，似乎正听到和那黄绿色的阳光一样的声音从四面八方传来。他的心雀跃着，甚至连梦都做不成一个。遏不住的诗情在撞击着他的心扉，他脱口吟诵着：

海呀！你宏大幽秘的音息，不是无因而来的！
这风隐日丽，也不是无因而然的！
这些进行不歇的波浪，唤起了思想同情的反应
涨，落——隐，现——去，来……

他好想让这强劲的地中海季风把他的诗句和心声传送给林徽因。他为了心中的一个梦，毅然决然地踏上了归途。这个梦想如同血液里的毒素一样折磨着他，就是那个无法排遣的影子，在他的思想里挥之不去。每当一个人独处时，他的脑子会无数次地勾勒着那张朝思暮想的脸庞，只是大都无法勾勒出完整的图像。

当梦也做不成一个的时候，诗情却如泉涌，每一首都是为了那个心中的人儿。他起身走到船舷边，凭栏临风而立，索性开怀吟哦：

无量数的浪花，各各不同，各有奇趣的花样，
一树上没有两张相同的叶片，
天上没有两朵相同的云彩。

如今，徐志摩为了心中所爱，已经将心收拾妥当，清扫干净，该走的都走了。经历了，挣扎了，决定了，此时已心平如水。

然而，当徐志摩带着急切的相思和情感回到国内时，似乎他的情感已然无处安放了。他在上海下船后不久，有人告诉他：“传闻林徽因与梁启超大公子婚事已有成言。”这无异于当头一棒。他不敢相信，却也不得不信。耐不住灵魂的煎熬，他终于下

定决心，硬着头皮踏上了北去的列车。

北京景山西街雪池胡同 7 号林宅。紧紧依傍在北海公园东侧，抬头就能看见圣灵的白塔。英国结识的忘年小友的到来让林长民万分欢喜，他兴致勃勃地请徐志摩喝绍兴“花雕”，两个人叙着乡情，气氛热烈而活跃。而一旁的徐志摩却惴惴不安，他还没见到林徽因，却看见了悬挂在书房“雪池斋”福建老诗人陈石遗赠给林长民的诗：

七年不见林宗孟，划去长髯貌瘦劲。
入都五旬仅两面，但觉心亲非面敬。
小妻两人皆揖我，常服黑色无妆靓。
……
长者有女年十八，游学欧洲高志行。
君言新会梁氏子，已许为婚但未聘。

此时，徐志摩才真的相信，原来命运竟是如此的鲁钝、盲目而任性。

不几日，徐志摩接受了在北京的第一次公开活动的邀请，做一场艺术与人生的讲演。

欧洲归来，梁任公的弟子，已经传回国内的《再别康桥》，所有这些在徐志摩头顶闪耀着光芒，人们纷纷慕名而来。徐志摩身穿绸夹袍，绸夹袍外穿一件小背心，小背心上点缀着闪闪发光的纽扣，脚上蹬着一双黑缎皂鞋，配以诗人的不凡气质，登上台来。担任主持人的梁实秋刚一介绍完毕，台下便掌声四起。待观众稍微安静，徐志摩从怀中取出稿纸，朗声说道：“今天我要讲的是 ART AND LIFE（艺术与生活），我要按照牛津的方式，宣读我的讲稿。”

能在公开场合发表演讲，对于从剑桥大学学成归国的诗人来说是多么令人兴奋的事情。徐志摩情绪高昂，他要滔滔不绝地将自己的见解说与观众。

他抬起了头，习惯性地用眼睛扫视一下台下观众。

突然，第四排的一双眼睛，还有那眼睛里的眼神，在一片黑压压的人群中间是那么的与众不同，那双眼是那么光芒四射，一下子刺进他的心。一瞬间，徐志摩愣住了。他的眼睛无法直视，喉头干而涩，大脑一片空白。

他努力镇定，努力镇定，告诉自己不要在女神面前失仪。徐志摩勉强地清了清嗓子，开始他并不成功的演讲。观众们怎能知道这些。他们太失望了，没等演讲结束，便陆续有人离场。演讲终于结束，满头汗涔涔的徐志摩定下神来向台下看去，空荡荡的一片。

他懊恼极了！

几天后，一份邀请函突然飘至。没有半点犹豫，徐志摩便应允了。

北京的西山在 12 月间，只有一种颜色——红。红的叶，层层叠叠，漫山遍野，在氤氲中朦胧着，在阳光中灿烂着，在细雨中诗意着，在微风中等待着。

一行人拾级而上。诗人还是一年前的诗人，林徽因却已经不是一年前的林徽因了。

林徽因有意放慢脚步，徐志摩便也放慢了脚步。

“志摩，你知道这是什么石头吗？这是黛石，女孩子可以用来描眉的，要不要我描绘给你看？”

如梦方醒的徐志摩看了一眼林徽因，局促中说出了自己的心声：“风凄霜冷，怎忍看蛾眉依旧。”

一行人随着执意寻找女娲补天遗石的林徽因沿着崎岖的小径前行。一片松针中，他们发现了一块墓碑，文字已经模糊，无法辨认。

“也不知道这青石底下埋的是谁？”林徽因喃喃地说道。

一片寂静中，本以为这将是一句回荡在山谷中自行回响的少女心思。

“是我。”徐志摩突如其来的回答令众人惊讶不已。

“你？”

“是我。我从上个世纪已经埋在这里了。现在的我只是一个躯壳，我的心，我的爱，我的希望早就埋进这青石板下了。你从这块墓碑上读不出年代，读不出姓名，读不出心里渗出的血，那是不应该写在石头上的。”徐志摩的诗意一发不可收。

少女的心弦被狠狠地拨动了。

“志摩，给我读读你的诗吧。”

“好吧，徽因，你还记得康桥吗？从你走后，我写了好多关于康桥的诗，就给你读一首《康桥再会吧》。”

康桥，再会吧；
我心头盛满了别离的情绪，
……
我每想人生多少跋涉劳苦，
多少牺牲，都只是枉费无补，

……

我但自喜楼高车快的文明，
不曾将我的心灵污抹，今日
我对此古风古色，桥影藻密，
依然能袒胸相见，惺惺惜别。
……
在温清冬夜蜡梅前，
再细辨此日相与况味；
设如我星明有福，素愿竟酬，
则来春花香时节，当复西航，
重来此地，再捡起诗针诗线，
绣我理想生命的鲜花，实现
年来梦境缠绵的销魂踪迹，
散香柔韵节，增媚河上风流；
故我别意虽深，我愿望亦密，
昨宵明月照林，我已向倾吐
心胸的蕴积，今晨雨色凄清，
小鸟无欢，难道也为是怅别，
情深，累藤长草茂，涕泪交零！
……

对于诗人而言，对于一个少女而言，涕泪交零确实是对一段感情最好的祭奠。此时的林徽因也许是涕泪交零，此时的徐志摩定是涕泪交零。他们的生活已经各自翻开了新的篇章。

也许，他们的缘分在徐志摩决然与张幼仪离婚时已经注定了。倒不是因为道德上的落差，可能是因为骨子里林徽因与张幼仪一样，都是传统的女性吧。

不管是什么原因，显然这是不重要的了。因为，有一点是已经注定了的，林徽因与徐志摩没有在一起。

烟火幸福

看过《上海滩》这部电视剧之后，我为许文强和冯程程的爱所倾倒。想起张爱玲和胡兰成结婚时，胡兰成在婚书上写下的那句话："惟愿岁月静好，现世安稳。"风云不断的上海滩，想要一段现世安稳的爱情真是太难了。许文强曾说，他知道这个世上再也不会有谁像冯程程那么爱他。可是他们在一起时，冯程程过得太辛苦，许文强给不了她现世安稳。痛彻心扉之后，冯程程毅然决然地选择了丁力，一个她不爱却能在她需要的时候陪在她身边，为她撑伞，逗她开心的人。也许，在我看来，比起爱情，安稳更重要。也许在林徽因心中，梁思成才是那个能给她现世安稳的人。

梁思成是梁启超的长子，早在林徽因随父亲赴英国之前，通过梁、林两家的往来，梁思成和林徽因就相识了。

1922年，梁思成毕业在即。他考入的是清华学堂留美预科班，学制8年。这一年，21岁的梁思成比林徽因年长3岁。林徽因之父林长民是声名赫赫的政界名流，梁启超以倡扬变法维新闻名于世，他们俩都是儒雅旷达的文人名士和不堪忍受官场污浊而急流勇退的社会贤达。在这两位看来，这门儿女亲事十分圆满。

林徽因和母亲居住在北京景山后街的雪池林寓，这是一座典雅的院落。梁思成常来这里看望林徽因。林母很中意梁思成，觉得他待人谦和、斯文有礼。梁思成除了学业十分优异外，还有着广泛的兴趣爱好。他学过小提琴、钢琴，是校歌咏队队员、管乐队队长。他是校美术社的骨干，担任校刊的美术编辑。他的钢笔画用笔潇洒、简洁清新。他还是清华学堂有名的足球健将，在全校运动会上得过跳高第一名。他的体操也十分出色，单杠、双杠技巧在同学中出类拔萃。

作为长子，梁启超对他寄予了厚爱和厚望。在父亲的支持和帮助下，他在清华学堂读书时，就与同班同学吴文藻、徐宗漱一起翻译了威尔斯的《世界史大纲》，商务印书馆出版了这部译著。从 1914 年开始，梁启超应聘到清华大学讲学。梁启超担心他在清华大学接受了西方教育，会丢掉中国的传统文化，特在每个假期专门为子女授课。他讲“国学源流”，讲“前清一代学术”，讲《孟子》《墨子》等。父亲对梁思成最大的影响是塑造了他乐观开朗、不断进取的性格和养成学术上严谨扎实的作风。而清华学堂则培养了梁思成广泛的兴趣爱好和民主、科学的精神。

林徽因和梁思成在一起，无论是家庭教养还是文化素养都有太多的相似，父亲都是思想开明之人，都接受西方先进的思想教育……太多的相似使他们之间的交流十分默契。常常是林徽因在笑谈之中看到梁思成的一个眼神就知道他已完全理解了自己的所思所想。梁思成并不十分长于言辞，但他却具幽默感。他不动声色的诙谐，常常让林徽因忍俊不禁。在梁思成的眼里，林徽因是完美的，他对林徽因不仅是爱，还有欣赏、珍惜，林徽因沉浸在爱的幸福中。而对于两个相爱的年轻人的未来，家里早有安排。待梁思成从清华学堂毕业，就送他们去美国留学深造。

梁思成和林徽因憧憬着未来，谈起了今后的专业选择。林徽因告诉梁思成，她以后准备学习建筑。梁思成感到很意外，他一时无法把眼前清秀、文弱的林徽因和“建筑”联系起来。

“建筑?”梁思成反问道，“你是说 house（房子），还是 building（建筑物）?”

林徽因笑了，说：“更准确地说，应该是 architecture（建筑学）吧!”林徽因给梁思成谈起了她眼中的建筑，谈起了欧洲大陆那些“凝固的音乐”“石头的史诗”。

许多年后，梁思成以其开拓性的成就被公认为中国建筑学界的权威专家，可他常常向朋友谈起他最初选择建筑是因为林徽因。他说，那时林徽因刚从英国回来，“在交谈中，她谈到以后要学建筑。我当时连建筑是什么还不知道。林徽因告诉我，那是包括艺术和工程技术为一体的一门学科。因为我喜爱绘画，所以我也选择了建筑这个专业”。

然而，幸福的来临却也伴随着伤痛和意外。1923 年 5 月 7 日，梁思成、梁思永兄弟二人要去长安街与同学们会合，参加北京学生的游行示威。这一天是袁世凯政府签订丧权辱国的“二十一条”的国耻纪念日。梁家的宅院位于南长街，梁思成骑着摩托车，梁思永坐在后座，向长安街驶去。刚骑到南长街口，一辆小汽车急驶而来，从侧面撞上了梁家兄弟的摩托车。摩托车被撞翻了，梁思成被压在摩托车下面，昏了过去，梁思永被摔出去很远。

这是北洋军阀金永炎的汽车，他是大总统黎元洪的亲信、陆军部次长。金永炎坐在汽车里目睹了自己司机肇事的全过程。他皱着眉头，命令司机开车离开这里。汽车开走了，梁思永发现梁思成已不省人事，顿时忘了自己的伤痛，他飞快地跑回家去求救，家里人被他满身是血的样子吓坏了，只听他连声叫道："快！快去救二哥（在思成之前曾有一个夭折的男孩，因此平辈或晚辈都称思成为二哥或二叔、二舅）吧，二哥被撞坏了！"门房老王奔向出事地点，把梁思成背回家中。梁思成面色苍白，几乎没有血色，连眼珠都不动了，全家人被吓得哭喊不止。梁启超刚刚从西山赶回来，他竭力让自己镇定，让人去请医生，所幸刚从马尼拉买回的汽车就停在门口，大约一个小时，才将一个年轻的外科大夫像抓俘虏一样"押"了进来。医生来了，做了初步的检查和诊断。他告诉梁启超，梁思成腰部以上没有任何问题，可能是左腿骨折。救护车把梁思成送进了医院。

民国初年，中国的西医还十分落后。医生给梁思成做了全面检查后告诉梁家，梁思成的腿伤不需要动手术，养一段时间就会好的。可是，错误的诊断再加上落后的医疗条件，耽误了及时的医治。梁思成伤得很重，他左腿股骨头复合性骨折，脊椎挫伤。确诊后，他一个月内就动了 3 次手术。因为这个原因，梁思成的左腿比右腿短了 1 厘米，跛足和由于脊椎受伤而装设背部支架的痛苦从此伴随了他的一生。

梁思成与梁思永兄弟同住一间病房，伤势较轻的梁思永一个星期就出院了，而梁思成则在这里住了近两个月。

林徽因在事发几个小时后得到了消息，急忙赶到了协和医院。此时，梁家人几乎都在病房里，赶到医院的林徽因脸上全是汗水，胸脯剧烈地起伏着。梁启超让梁思忠将一块毛巾递给林徽因，安慰道：“思成的伤不要紧，医生说只是右腿骨折，七八个星期就能复原，你不要着急。”

接着，林长民和夫人也匆忙赶到医院，两家人从中午一同守护到晚上，送来的饭菜，反复热了几遍，都没有人吃。林徽因呆坐在梁思成的床边，梁思成每一声痛苦的呻吟，都牵动着她的心。她双眉紧锁，由于紧张和担心，牙齿都把嘴唇咬出了血。

天气渐热，梁思成的腿上打着石膏，腰背上缠着绷带，躺在床上不能翻身，更不能下地，病房的时间漫长而又煎熬。每天早晨，待医生查了房，梁思成就朝着病房门口期盼地张望，期盼着那个他梦中的身影。梁思成受伤的腿和背疼得厉害，为了转移他的注意力，林徽因给他读小说，背新诗，讲同学和弟妹间有趣的事。

之后的一个星期，林徽因向学校请了假，一直守在梁思成的病床边，细心地喂饭、喂药。梁思成刚刚动完手术，身体还不能活动，但是精神却康复得很快。

后来，这桩车祸被北京的报纸报道，《晨报》直斥金永炎的恶行。金永炎知道被撞者是梁任公的儿子后，亲自前往医院探望，表示道歉并承担了医药费。

为了打发寂寞的病榻时光，林徽因经常带一些报纸来读给他听。一次她翻开一张《晨报》，凑到梁思成耳边，悄悄地对他说：“你成明星啦！”

梁思成接过报纸，一眼就看见他出事的消息赫然登在头版。他无奈地苦笑道：“这我倒不感兴趣，你在这儿陪我，就三生有福了。”

而坐在一旁的梁思成的母亲、梁启超的夫人李蕙仙却眉头紧锁，一脸怏怏不乐。她出身于官宦之家，兄长曾任光绪年间的礼部尚书。传统守旧的她，并不看好林徽因“洋派”的言谈举止。

虚弱的梁思成在林徽因的帮助下每翻动一次身子，便会出一身汗。林徽因顾不得擦自己的汗，把毛巾用温水浸过，轻柔地在梁思成的额上擦拭。每到这个时候，李夫人便不无怒色地抢过毛巾。

在李蕙仙看来，梁思成伤卧在床、衣冠不整，大家闺秀应该低眉敛目、小心回避才是，尚未迎娶的女子怎能如此不顾体统？梁启超却很高兴，他知道李夫人对现代女性的偏见，每到这时，便会替林徽因打个圆场：“这些本来就是徽因的事嘛！”

此时，梁启超似乎觉得自己一直担心的事情有了着落。他很清楚自己的学生徐志摩同林徽因在英国的那段恋情。如今徐志摩辍学回国，让他一度感到很不安，担心这两个年轻人会旧情复燃。万一这样，不仅丢了自己的面子，也会伤了儿子的感情。

为此，他还在徐志摩回国后不久，以老师的身份，就其同张幼仪离婚一事写了一封长信，批评了徐志摩的做法，言辞颇为严厉。

信中写道：

其一，万不容以他人之苦痛，易自己之快乐。弟之此举，其于弟将来之快乐能得与否，殆茫如捕风，然先已予多数人以无量之苦痛。

其二，恋爱神圣为今之少年所乐道。……兹事盖可遇而不可求。……况多情多感之人，其幻象起落鹘突，而得满足得宁帖也极难。所梦想之神圣境界恐终不可得，徒以烦恼终其身已耳。

鸣呼志摩！天下岂有圆满之宇宙？……当知吾侪以不求圆满为生活态度，斯可以领略生活之妙味矣。……若沉迷于不可必得之梦境，挫折数次，生意尽矣，郁悒佗傺以死，死为无名。死犹可也，最可畏者，不死不生而堕落至不复能自拔。呜呼志摩，可无惧耶！可无惧耶！

没想到徐志摩却不买账。他的那封回信真让梁启超如芒刺在背。徐志摩宣称：

我之甘冒世之不韪，竭全力以斗者，非特求免凶残之苦痛，实求良心之安顿，求人格之确立，求灵魂之救度耳。

人谁不求庸德？人谁不安现成？人谁不怕艰险？然且有突围而出者，夫岂得已而然哉？

我将于茫茫人海中访我唯一灵魂之伴侣；得之，我幸；不得，我命，如此而已。

嗟夫吾师！我尝奋我灵魂之精髓，以凝成一理想之明珠，涵之以热满之心血，朗照我深奥之灵府。而庸俗忌之嫉之，辄欲麻木其灵魂，捣碎其理想，杀灭其希望，污毁其纯洁！我之不流入堕落，流入庸懦，流入卑污，其几亦微矣！

那样一个风流倜傥的徐志摩，再加上同样受西方思想熏陶过的林徽因，两个人又曾经相爱过，梁启超的担心不可避免。

但如今这场意外，却检验了林徽因对梁思成的感情。梁启超一直悬着的心就此放下了，他甚至还兴奋地给女儿思顺写信，得意之情，溢于言表："老夫眼力不错罢。徽因又是我第二回的成功。”

那第一回的成功，则是他给女儿思顺选择的乘龙快婿——周希哲，也很让他得意了一阵。周希哲时任中国驻菲律宾大使馆总领事，后来任驻加拿大大使馆总领事。梁启超认为，由他留心观察、看好一个人，然后介绍给孩子，最后由孩子自己决定，“这真是理想的婚姻制度”。

梁启超担心梁思成荒疏了学业，为他安排了住院疗伤期间的学习计划。

父示思成：吾欲汝在院两月中取《论语》《孟子》温习暗诵，务能略举其辞，尤于其中有益修身之文句……可益神志，且助文采也。更有余日读《荀子》则益善。《荀子》颇有训诂难通者，宜读王先谦《荀子集解》。

由于此次车祸，延迟了梁思成赴美学习的时间，弟弟梁思永以及与他同届的梁实秋、吴文藻等人已起程赴美。在这一年里，梁思成在父亲的指导督促下，较系统地悉心研读了一批国学典籍。后来，梁思成曾回忆道：“我非常感谢父亲对我在国学研习方面的督促和培养，这对我后来研究建筑史打下了基础。”

而同年，林徽因从培华女子中学毕业，考取了赴美半官费留学的资格。她剪去了辫子，留着当时女大学生流行的发式：齐耳的短发轻微地烫过，头发蓬松地覆着前额和后颈，文雅秀丽却又透露着稳重端庄。

新　月

1923 年，北京一些上层知识分子为了聚会的方便，由徐志摩、胡适发起，徐申如、黄子美出钱，在北京西单石虎胡同七号租了一个院子，成立了“新月社”，并创办了《新月》杂志。有人说，新月社是受印度诗人泰戈尔的诗集《新月集》的启发而得名。徐志摩说：“‘新月’虽则不是一个强有力的象征，但它那纤弱的一弯分明暗示着怀抱着未来的圆满。”他十分喜爱“新月”这个名称。20 世纪 20 年代中后期，他和胡适、梁实秋等人在上海开书店、创办刊物，店名为新月书店，刊物名称仍为《新月》。

尽管林徽因从不认为自己是新月派的成员，但她确实是从“新月”时期开始进入了北京知识界的社交圈并从事文化活动的。在石虎胡同七号，“新年有年会，元宵有灯会，还有古琴会、书画会、读书会……有舒服的沙发躺，有可口的饭菜吃，有相当的书报看”。在这种怡情自娱的氛围里，新月社的成员们品茶、喝酒，谈政治、谈文艺，一时间名流云集。梁启超、丁文江、林长民、陈源、林语堂、徐申如、徐志摩父子、王赓、陆小曼夫妇、余上沅、丁西林、凌叔华等在这里常来常往，林徽因和表姐王孟瑜、曾语儿也常来参加各种文艺、游艺活动。

徐志摩有一首诗记咏这时期的“新月”生活——《石虎胡同七号》：

我们的小园庭，有时荡漾着无限温柔；
……
我们的小园庭，有时淡描着依稀的梦境；
雨过的苍茫与满庭阴绿，织成无声幽冥，
小蛙独坐在残兰的胸前，听隔院蚓鸣，
……
我们的小园庭，有时沉浸在快乐之中；
……

20 年代中期，徐志摩接办《晨报》副刊。他在副刊开辟了《诗镌》栏目，集合了以闻一多、朱湘为代表的一批志趣相投的诗人，倡导和创作格律新诗。他们的创作提高了白话新诗的艺术品质。新月派诗人陈梦家选编的《新月诗选》，是对新月社诗人和创作实绩的总检阅。其中，林徽因的《笑》《深夜里听到乐声》《情愿》《仍然》入选《新月诗选》。

有人说，虽然林徽因选择了梁思成，但是她的内心却从没有真正忘记过徐志摩。但理性如她，将两者分得很清楚，自始至终她都掌握着命运的主动权。

也许是缘分未尽，也许是他们之间需要一段荡气回肠的传奇经历，他们之间还有一些故事要共同书写，还要同行一段路，尽管只是同行而已。

1924 年 4 月，北京迎来了印度诗哲泰戈尔。当时，这位名扬世界的诺贝尔奖获得者即将访华的消息一出，整个中国的知识界如沸腾的水一样，无比激动。为了迎接泰戈尔，北京的文化人做了多方面的准备，北京各家报纸纷纷报道了这一消息，大篇幅地向读者介绍泰戈尔的其人其事以及著名的作品。

《飞鸟集》是泰戈尔的代表作之一，具有很大的影响，在世界各地被译为多种文字版本，也是最早被译为中文版本的泰戈尔作品之一，包括了 300 多首清丽的小诗。这些诗歌描写小草、流萤、落叶、飞鸟、山水、河流。简短的诗句清新亮丽，其中韵味却很深厚，耐人寻味。

天空中没有翅膀的痕迹，而我已经飞过。

夏天的飞鸟，飞到我的窗前唱歌，又飞去了。秋天的黄叶，它们没有什么可唱，只叹息一声，飞落在那里。

海水呀，你说的是什么？
是永恒的疑问。
天空呀，你回答的话是什么？
是永恒的沉默。

1924 年 4 月 23 日上午 9 时 24 分，当墨绿色的车厢静静地停在北京前门火车站的月台时，前来迎接的人群立刻站成一排，个个神情肃然。这是一支文化名人的队伍：梁启超、蔡元培、胡适、蒋梦麟、梁漱溟、辜鸿铭、熊希龄、范源濂、林长民等，悉数在列。他们或西装笔挺，或长衫飘洒，只有林徽因一袭咖啡色连衣裙搭配米黄色上装，整个人看上去素洁淡雅，卓尔不群。她手捧一束红色郁金香，人面花朵，相映生辉。

从4月12日“热田丸”号邮轮徐徐驶入黄浦江时起，泰戈尔就兴奋不已。

他与春天一同来到了这个向往已久的国家。在柳浪闻莺的西湖，在六朝烟霞的秦淮，在漱玉泄珠的泉城……这泱泱大国的文化让他神往已久，他踏访遗迹，发表演讲，乐此不疲。而徐志摩则一直陪伴在他身边。

那段时间，徐志摩也终日沉浸在高度的亢奋之中，泰戈尔访华的演讲稿，是他提前翻译好的；访华的行程也是由他精心安排的。他与泰戈尔朝夕相处，有说不完的话题：心灵的自由、普爱的实现、教育的改造……他们的话语，如山涧流泉，两颗同样诗意的心，两个同样自由的灵魂一时间无比默契。徐志摩在杭州陪泰翁畅游西湖时，还一时诗兴大发，在一株海棠树下作诗达旦。对自己的学生有这样的豪举，梁启超给予了褒奖，曾集宋人吴梦窗、姜白石的词，作一首联句：

临流可奈清癯，第四桥边，呼棹过环碧；

此意平生飞动，海棠树下，吹笛到天明。

而林徽因的情感虽然不如徐志摩那样张扬而奔放，但是她内心的激动却丝毫不比徐志摩逊色。从泰戈尔踏上中国的土地那天开始，她每天都要在报纸上关注他的行程。泰戈尔那些脍炙人口的名作，她早已烂熟于心。她多么希望能够早一天见到泰翁，那个存在心中已久的偶像，但是当泰戈尔真的出现在她的眼前，她却激动得愣神了，不由自主地进入了童话般的境界。

当那个头戴红色柔帽、身穿浅棕色长袍、鹤发童颜的老人出现在车门口，林徽因只觉得心一阵狂跳，这就是诗哲泰戈尔吗？她眼前出现的老人仿佛来自一个童话世界，来自天外一个圣灵的国度，倘若不是同时出现在车门口的徐志摩朝她使眼色，她差点儿忘了献上手中的鲜花。

顿时，鞭炮齐鸣，飞扬的花雨，点缀着 1924 年 4 月 23 日那页史诗般的记忆。整个欢迎仪式充满了中国古典意味，泰戈尔显得很兴奋，他孩子般地笑着，还张开双臂，仿佛要拥抱整个天空。

阳光舒展地洒在刚刚修剪过的日坛公园的草坪上，每一片草叶都闪烁着晶莹的光芒，蒸发起一种沁人心脾的气味。最初欢迎泰戈尔的集会是定在天坛公园举行的，但由于天坛公园收取门票，考虑到听讲的青年学生的经济状况，故又改在了不收门票的日坛公园举行。

林徽因搀扶着这位仙风道骨的诗哲泰戈尔登上主讲台，徐志摩担任翻译。

泰戈尔的演讲，是即兴的。他满怀深情地说：

今天我们集会在这个美丽的地方，象征着人类的和平、安康和丰足。多少个世纪以来，贸易、军事和其他职业的客人，不断地来到你们这儿。但在这以前，你们从来没有考虑邀请任何人，你们不是欣赏我个人的品格，而是把敬意奉献给新时代的春天。

他清了清嗓音继续讲下去：

现在，当我接近你们，我想用自己那颗对你们和亚洲伟大的未来充满希望的心，赢得你们的心。当你们的国家为着那未来的前途，站立起来，表达自己民族的精神，我们大家将分享那未来前途的愉快。我再次指出，不管真理从哪方来，我们都应该接受它，毫不迟疑地赞扬它。如果我们不接受它，我们的文明将是片面的、停滞的。科学给我们理智力量，他使我们具有能够获得自己理想价值积极意识的能力。

稍作停顿，他呷了一口林徽因递上的热茶，眼睛望了望远方的天空，他的语言激昂起来。

“为了从垂死的传统习惯的黑暗中走出来，我们十分需要这种探索。我们应该为此怀着感激的心情，转向人类活生生的心灵。”他提醒说，“今天，我们彼此命运是息息相关的。归根到底，社会是通过道德价值来抚育的，那些价值尽管随着时间的变化而变化，但仍然具有——道德精神。恶尽管能够显示胜利，但不是永恒的。”

他银白色的长须飘拂着，如同站在阿尔卑斯山上的圣哲，在面对整个人类发言。他的嗓音洪亮，精神矍铄，“在结束我的讲演之前，我想给你们读一段我喜爱的诗句：

仰仗恶的帮助的人，建立了繁荣昌盛，
依靠恶的帮助的人，战胜了他的仇敌，
依赖恶的帮助的人，实现了他们的愿望，
但是，有朝一日他们将彻底毁灭。”

他的朗诵，如林间涌出的泉水，回味无穷。而徐志摩的翻译也是文采飞扬，抑抑扬扬，如行云流水，相映生辉。林徽因不时报以赞许的目光。

讲演会结束之后，林徽因对徐志摩真诚地称赞着：“今天你的翻译发挥得真好，好多人都听得入迷了。”徐志摩说：“跟泰戈尔老人在一起，我的灵感就有了翅膀，总是立刻就能找到最好的感觉。”

林徽因说：“我只觉得老人是那样深邃，你还记得在康桥你给我读过的惠特曼的诗吗？——从你，我仿佛看到了宽阔的入海口。面对泰戈尔老人，觉得他真的就像入海口那样宽广博大。”

林徽因、徐志摩一左一右，相伴泰戈尔的大幅照片，登在了当天的许多家报纸上，京城一时洛阳纸贵。当天北京的各家报纸都对这次集会的盛况加以报道。

林徽因人艳如花，和老诗人挽臂而行，加上长袍白面、“郊寒岛瘦”的徐志摩，犹如一幅松、竹、梅的岁寒三友图。徐志摩的翻译，用了中国语汇中最美的修辞，以硖石官话出之，便是一首首的小诗，飞瀑流泉，淙淙可听。

林徽因的纯情美貌，徐志摩的翩翩风度，与泰戈尔老人相映生辉，一时成为京城美谈。

同年 5 月 8 日，是泰戈尔的 64 岁寿辰，北京的一些文化人为他举办了祝寿会。祝寿会由胡适操办，梁启超主持并为泰戈尔赠名。梁启超说，泰戈尔的印度名字为拉宾德拉，意思是“太阳”与“雷”，如日之升，如雷之震，译成中文应是“震旦”，而“震旦”恰巧是古代印度对中国的称呼。泰戈尔中文名字曰“震旦”，象征着中印文化的悠久结合。梁启超又说：按照中国的习惯，名字前应当有姓，中国称印度国名为“天竺”，泰戈尔当以国为姓，所以泰戈尔的中国名字为“竺震旦”。

掌声四起，泰戈尔接过了刻有他中国名字“竺震旦”的印章。讲学社委托徐志摩负责泰戈尔访华期间的接待和陪同，并担任翻译；王统照负责泰戈尔在各地演讲的记录和编辑。同时，为了准备更加充分的活动内容，新月社成员用英语赶排了泰戈尔的诗剧《齐德拉》。而祝寿会的压轴戏，就是观看新月社同仁用英语演出泰戈尔的剧作《齐德拉》。

这也是新月社结出的第一颗果实，真诚而热情。那之后，林、徐等人名噪一时，当时的《晨报》副刊曾做过如下报道：

林宗孟（林长民）君头发半白还有登台演剧的兴趣和勇气，真算难得。父女合演，空前美谈。第五幕爱神与春神谐谈，林、徐的滑稽神态，有独到之处。林女士徽因，态度音吐，并极佳妙。

《齐德拉》取材于印度史诗《摩诃婆罗多》中的故事。齐德拉是马尼浦国王和王后的女儿，也是他们唯一的孩子。她生得不漂亮，国王想立她为储君，从小让她像男孩子一样学习武艺，接受训练。

一天，齐德拉在山中行猎，碰到了邻国王子阿顺那。她对阿顺那王子一见倾心，生平第一次为自己的相貌不美而感到痛苦。她向爱神祈祷，求爱神赐她美貌，哪怕一天也好。爱神被她的虔诚所打动，答应赐给她一年时间的美貌。齐德拉变成了美女，赢得了阿顺那王子的爱情，与王子如愿以偿结了婚。婚后不久，王子吐露心声，说自己一直在心里爱慕着邻国英武的公主齐德拉。而这时的齐德拉，也早已不耐烦冒充美女。于是，她又向爱神祈祷，请求收回赐予她的美貌。她在丈夫面前显露了真实的形象。

在该话剧表演中，林徽因饰公主齐德拉，张歆海饰王子阿顺那，徐志摩饰爱神玛达那，林长民饰春神伐森塔，梁思成担任舞台布景设计。演出开始前，林徽因在幕布前扮一古装少女恋望新月的造型，雕塑般地呈示出演出团体——新月社。

而对于林徽因和徐志摩而言，或许他们自己都没有想到自己能那么快就入戏了。

齐德拉（林徽因饰）：你是那位带着五支箭的神，爱情的主宰吗？

玛达那（徐志摩饰演的爱神）：我就是从创造者心中生的第

一个孩子。我把男人和女人的生命都捆锁在痛苦和快乐的镣铐里!

齐德拉:我晓得,我晓得那痛苦和镣铐是什么样的东西。——你是谁呢,我主?

伐森塔(春神):我是他的朋友——伐森塔——季节的王。死亡和衰老把世界拖得形销骨立,但是我跟在他后面,不断地攻击他们。我是永在的青春。

齐德拉:我向你鞠躬,伐森塔神。

玛达那:美丽的陌生人,你发下了什么重誓?你为什么用忏悔和修行来凋萎你的青春?以这种的牺牲来礼拜爱神是不适宜的。你是什么人,你祈求什么?

齐德拉:我是齐德拉,马尼浦王室的女儿。湿婆天神垂降神恩,应许我的王祖以世代绵延的男储。但是,神旨却没有力量改变我母亲腹中生命的火花——我的天性是这样的坚强,虽然我是一个女子。

玛达那:我知道,因此你父亲把你当作儿子带大了。他教给你拉弓射箭和一切为王的职责。

齐德拉:是的,因此我穿上男装走出深闺。我不懂得女人赢得人心的诡计。我的双手可以拉开强弓,但是我从来没有学过爱神的以目送情的箭法。

玛达那:这是不用学的,美人。眼睛不用教练也会工作,它会知道它做得多好,击中了什么人的心。

齐德拉:你这征服世界的爱神,还有你,伐森塔,季节的年轻的神,从我年轻躯体上把天赋的不公和没吸引力的平凡拿去吧。只要有一天的时间使我绝顶美丽，就像我心中忽然开放的爱一样的美丽。只给我短短一天的完全的美丽，我将用以后的日子来还报你。

玛达那：我答应了你的请求。

伐森塔：不只是短短的一天，而是整整的一年，春花般的魅力将寄托在你的肢体上。

林徽因和徐志摩真挚而动情的表演感动着观众，他们的配合是那样的默契，每一个眼神儿都能很快被对方理解。他们似乎已然忘记了这是在舞台上演戏，忘记了台下还有观众，他们依稀看到了空中飞翔着的天使，看到了彼此脸上流水般的阳光，却唯独没有看见梁启超那惊愕、愠怒的目光。

玛达那：哎，你这凡人的女儿！我从天库里偷来芳醇的仙酒，把人间的一夜斟到满盈，放在你手里，请你饮用——可是我仍然听到这渴望的呼唤！

齐德拉：（辛酸地）谁饮到这酒了？生命的愿望中最罕有的完满，爱的第一度合一已经赠送给了我，却又从我的紧握中攫走了！这个借来的美丽，这包裹着的虚伪，将从我身上溜走，也带走了那甜蜜的合一的唯一纪念物，就像花瓣从残花上凋落一般；而那个因极端贫困而羞愧的女人，将日夜地坐着哭泣。爱神呵，这副可诅咒的外表伴随着我，就像一个恶魔把我一切的赏赐——一切我内心所渴望的接吻都抢走了。

玛达那：哎，你那一夜多么空虚！快乐的小船已经在望，但是波浪不让它挨近岸边！

齐德拉：我是齐德拉，不是受人礼拜的女神，也不是一个平凡的怜悯的对象，像一只飞蛾可以让人随便地拂在一边。

今天我只把齐德拉献给你，一个国王的女儿。

阿顺那爱人，我的生命圆满了。

剧终。大红的帷幕迅速落下。台下的观众激动地起身鼓掌，掌声，掌声，四壁只有掌声的浪潮回旋着。

演出结束后，泰戈尔走上舞台。他身穿朴素的灰色印度布袍，雪白的头发，雪白的胡须，深深的眼睛一扫连日的倦意。他慈爱地拥着林徽因的肩膀赞美道："马尼浦王的女儿，你的美丽和智慧不是借来的，是爱神早已给你的馈赠，不只是让你拥有一天、一年，而是伴随你终生，你因此而放射出光辉。"

泰戈尔的话似有深意，他对如此相爱、性情如此契合的两个人不能在一起，感到不解甚至痛惜，然而他却不知道，他只看到了徐志摩情感的沦陷，却没有看到理智的林徽因背后的承受和割舍。

各自真爱各自修

有人说，人在疾苦之际，最容易埋怨命运；进退两难之时，最容易抱怨上苍和神灵。而当自己修成了正果，往往又谦虚地说是拜上天所赐，家门有幸，等等。其实不然，命运是在自己手中的，生活的离合际遇也都是自己的选择。

每一段缘分，每一种人生，都有其独特的意义。聚散本就是人生再平常不过的事情，有时，离别就是为了更好的相逢。

蔚蓝的天空
俯瞰苍翠的森林
他们中间
吹过一阵喟叹的清风

这是泰戈尔送给林徽因的一首小诗。在这位浪漫的诗人眼中，他们是绝佳的伴侣。在这段时间的相处中，徐志摩更是几度难耐情动，将深藏心中的情感悉数讲与泰戈尔。泰戈尔也数次与林徽因谈及此事，但皆被林徽因拒绝。

也许，泰戈尔始终无法理解，两个有着同样情感的人，同样浪漫的人，同样富有才气的人，为什么不能走到一起呢？而他所能做的，唯有淡淡的叹息，为他们遗憾，为他们祝福。

5 月 20 日夜，泰戈尔离开北京奔赴太原。彼时，徐志摩与张幼仪离了婚，被林徽因拒绝，感情世界呈现少有的空白。

也许正是这个原因，让徐志摩没有后顾之忧地全程陪同着泰戈尔，自北京至太原，再从香港去日本，最后甚至一路去了印度。这样的决定，于徐志摩而言，在撇除了陪同偶像的兴奋与心甘情愿之后，充斥着满腔的落寞与百感交集。也是在那时，林徽因与梁思成赴美留学的一切手续办好了。

在离别的火车站，坐在车厢里，透过车窗玻璃，徐志摩望向站在站台上，已选择与梁思成并肩的林徽因，眼里噙满了泪。他不知道，为了她，自己已经抛弃了一切，表明了心迹，做好了迎接新生活的准备；而她为什么却仍然那么决绝地抛弃自己而去投向了另一个男人的怀抱。

"志摩，你怎么哭了？"胡适的轻声一问，终于将徐志摩的情绪拉了回来。此刻，他才意识到，自己已然是泪流满面。他明白了，他与她就这样分开了，他们再也不可能了。

汽笛声扬起，轰隆隆的车轮压过铁轨的声音渐渐远去，带着伤心的人儿离开了北京。

我真不知道我要说的是什么话。我已经几次提起笔来想写，但是每次总是写不成篇。这两日我的头脑总是昏沉沉的，开着眼闭着眼却只见大前晚模糊的凄清的月色，照着我们不愿意的车辆，迟迟地向荒野里退缩……

离别！怎么能叫人相信？我想着了就要发疯。

这么多的丝，谁能割得断？我的眼前又黑了！

……

徐志摩无法释怀，终于还是在车里的小茶几上，伏案奋笔，将自己的情绪镶刻于白纸黑字之间。

再往下，便是一个男子对一个女子深深情愫的绵绵不断的铺陈。完全可以想象，如果没有打断，如果是在一个安静的夜晚，这样的铺陈将能跨越时空，连接起长江与黄河。

然而，他写不下去了。这是一封镌刻着美丽情愫的信，但也注定是一封只能躺在历史角落中不被当事人关注的信。

将内心里的情镌刻于文字间，带给了徐志摩片刻的宁静。他将自己的注意力转移到陪同的老诗人上。

她不愿沉陷于与他的情感。多年后，她对友人说："徐志摩当时爱的并不是真正的我，而是他用诗人的浪漫情绪想象出来的林徽因，可我其实并不是他心目中所想的那样一个人。"甚至，她亦曾向人提过，徐志摩的情趣中有时也露出某种俗气，她并不欣赏。不过，显然，这不妨碍林徽因对徐志摩的欣赏，更不妨碍两人日后成为挚友。

林徽因与徐志摩的爱情走到这里，已然可以画上句号了。因为从此，林徽因住进了另一个人的城堡，再无他念，一生如此。

他们之间，无所谓谁对谁错，也无所谓谁用情深浅，或许只是缘分注定未到，也或许爱本就是一场修行，不一定爱了就一定要厮守。现在，最好的做法是，干脆地断掉一份不可能，同时接续上另一份一世之情。

有人说，爱情里一个人走了，就会有另一个人住进来，永远都会有人来填补你内心的寂寞。林徽因走了，徐志摩的灵魂需要找人安放，恰巧，陆小曼走进了他的视线。

徐志摩初识陆小曼，是在泰戈尔 64 岁诞辰的那一日。当时林徽因和徐志摩是主角，而陆小曼只是一位台下的看客。谁又能想到，就是这位看客，让才情横溢的徐志摩拜倒在她的裙下。

陆小曼，又叫陆眉，江苏武进人，书香门第。1922 年，19 岁的陆小曼奉父母之命与王赓结婚。但在这桩婚事中，陆小曼就像大海中的一叶小舟，被风飘荡，完全是被动的。当蜜月的激情渐趋平静后，她发觉自己并不快乐，觉得自己和王赓之间在性情和爱好方面有很大的差异。陆小曼当时是名满京城的社交界人士，因此她到哈尔滨后，哈尔滨的大街小巷到处贴满了她的海报。但是陆小曼在哈尔滨住不习惯，不多时，就回北京娘家居住，与王赓两地分居，和丈夫在感情上更加淡漠了。由于性情不投，结婚半年后，两人失和已成为不可否认的事实。但陆小曼心高气傲，绝不肯让人知道她是一个失意者，是一个不快乐的人。于是，她过着隐瞒性情、忍泪假笑的生活。徐志摩似天外来客，一下子闯进了陆小曼的心扉。

浪漫多情的徐志摩读懂了她眼中的秘密，知道这位风情女子内心深处需要热烈的焚烧。那时的徐志摩，在感情上是一个失意者，林徽因的转身使他心灰意冷。同是天涯沦落人，两颗孤寂的灵魂偎依在一起便有了温度。

爱情来临时，谁也无法阻挡。为了和徐志摩在一起，陆小曼不惜流掉腹中胎儿与王赓离婚。徐志摩也是不顾家人反对，一定要和陆小曼在一起，永不分离。他们不怕红尘风雨，不屑世俗的眼光，也不需要别人的祝福，1926 年 10 月，他们排除万难，终于结为夫妻。

林徽因与徐志摩是缘，也是劫，与其如今得而复失，不如当初不曾得。可话说回来，如若没有与林徽因的一段情爱，徐志摩大概也不会写下流传千古的《再别康桥》吧。

轻轻的我走了，
正如我轻轻的来；
我轻轻的招手，
作别西天的云彩。

那河畔的金柳，
是夕阳中的新娘；
波光里的艳影，
在我的心头荡漾。

软泥上的青荇，
油油的在水底招摇；
在康河的柔波里，
我甘心做一条水草！

那榆荫下的一潭，
不是清泉，是天上虹；
揉碎在浮藻间，
沉淀着彩虹似的梦。

寻梦？撑一支长篙，
向青草更青处漫溯；
满载一船星辉，
在星辉斑斓里放歌。

但我不能放歌，
悄悄是别离的笙箫；
夏虫也为我沉默，
沉默是今晚的康桥！

悄悄的我走了，
正如我悄悄的来；
我挥一挥衣袖，

不带走一片云彩。

人在梦中的时候可以随心所欲，犯过的错可以不去理会，闯出的祸事可以不必去承担，可一旦清醒，飘荡的灵魂始终无法找到一个安稳的归宿。在午后的阳光下，泡一壶茶，回想过去的美好，可在灯火阑珊，一切都该结束时，你我依旧需要各自面对人事纷扰，市井繁华。各自真爱，各自修行。

第四章　死生挈阔，与子成说

世间风景万千，很多时候我们都无法分辨清谁才是你最想要的那杯茶，谁是你沧海桑田里最终的归宿。而这一切，在你遇到他时，一切便有了答案。

死生挈阔，与子成说。执子之手，与子偕老。这是每个人穷其一生所追求的梦想。尘缘多苦，每一对走过坎坷情路的人都在终得牵手的一刻感慨万千。从见到缘分的瞬间，到历经曲折谱写圆满，都需要两个人的相互扶持与相濡以沫。这是一种经历，更是一种情感。因为曾经朝夕相伴，因为曾经相互支撑，因为曾经彼此关爱，这份感情才得以一路走来愈发深刻。

坎坷情路

初夏来临时，林徽因与梁思成便乘船漂洋过海来到了大洋彼岸——美国。1924年7月7日，他们来到了康奈尔大学。林徽因选择了户外写生与高等代数；梁思成选择了水彩静物画、户外写生与三角。

康奈尔大学在伊萨卡市，是一座典型的牧歌式大学城，这里黛山碧水，风景秀丽。城里超过半数以上都是康奈尔大学的学生。放下行囊的两个人，安排好暑假的课程就开始尽情地享受这醉人的山水美景了。

康奈尔大学校园夹在两道峡谷之中，三面环山，一面是水光潋滟的卡尤嘎湖。校园里的建筑多为奶黄和瓦灰两种颜色，街道也是瓦灰色的，黛山碧水，与教堂的尖塔，构成一幅非常和谐的图画。清晨、傍晚，从野外到公寓的阳台，从一山一树到一湖一水，都有他们相伴的浪漫身影。他们肆意地享受着自然，畅谈着心声。

这美，陶醉着他们，使他们同这景色一起化入幽深，化入宁静，他们每天都有新鲜的收获。

当然，最吸引他们的还有康奈尔大学的校友会。校友会设置在一幢奶黄色的楼房里，大厅里悬挂着一幅幅康奈尔大学创立以来历任校长的油画肖像。在栗色的长条桌上，摆放着每一届康奈尔大学的毕业生名册，上面还记录着他们在学术和社会事业上所取得的成就，以及他们捐赠给母校的物品。而所有捐赠的桌椅等物品上面都刻有捐赠者的姓名。

他们在校友会上结识了很多新朋友。大家在一起畅谈理想，探讨人生，一起唱歌，举办化装舞会，生活既充实又快乐。按照他们出国前的计划，还有两个月他们就要进入宾夕法尼亚大学建筑系学习了。所以，在这里的每一天，他们都倍加珍惜。

只是，快乐、新鲜和充实的生活，并没有驱散他们各自心头的阴影。因泰戈尔访华而备受瞩目的林徽因，并没有让梁思成的母亲改变对她的印象。李夫人本就对他们的婚事极不赞成，如今越发激烈地表示反对了。

来到康奈尔大学的这段时间里，梁思成经常会收到姐姐思顺的信，她在信中对林徽因颇有微词，尤其是刚收到的一封信，提及母亲病情危重，还称母亲到死也不会接受林徽因。这让林徽因伤心不已，处在她们之间的梁思成更是左右为难，也不知道该怎么安慰林徽因。

林徽因无法忍受梁家母女的种种责难，无法忍受那些莫须有的罪名，更无法忍受她们对自己人格与精神独立的非议和干涉。尽管梁思成的体贴让她感觉到几分安慰，但是梁家母女的偏见让她终觉心灰意冷。她选择梁思成的初衷，不就是为了一份安稳而幸福的姻缘吗？如今这份姻缘却得不到梁家人的祝福，终究是不圆满的。于是，她第一次对这段本觉幸福的姻缘退步了，迟疑了。她告诉梁思成，暑假后她将取消去宾夕法尼亚大学的计划，而是选择一个人留在康奈尔大学。这里的湖光山色，能够医治她心灵上的创伤。

听到林徽因的决定，梁思成也陷入了极度的痛苦中。

好在，并不是梁家人都不认可他们。梁启超，以及与林徽因、梁思成同在美国的梁思永、梁思庄是理解他们的。那时，梁思永在哈佛大学，梁思庄在麻省理工学院，都离宾夕法尼亚大学不远。每逢节假日，两人便会来看望梁思成与林徽因，尤其是梁思庄，她与林徽因是极要好的。

那时的情侣们约会，女孩子一般都会迟到一些，林徽因也不例外，每当梁思成在女生宿舍楼下等她的时候，梁思永和梁思庄都会给他鼓劲儿，梁思永甚至还编了一副对联凑趣：“林小姐千妆万扮始出来，梁公子一等再等终成配。”

人们都很奇怪，美丽、大方、有才华的林徽因何以无法得到李氏的认可。其实，说奇怪也不奇怪。对于李氏这样的封建时代的女性家长对儿媳妇的要求也是传统的。她更在意女子对妇道的遵守。这在当时的林徽因而言，恰恰是别扭的地方。这样想来，林徽因得不到李氏的认可便也在情理之中。

这对于为此做出种种努力的林徽因而言，灰心与失望是在所难免的。情绪低落时，林徽因给远在北京的徐志摩写去书信——“我的朋友，我不要求你做别的什么，这会儿只求你给我个快信。单说你一切平安，多少也叫我安心……”字里行间充满着牵挂。可以想见，收到书信的徐志摩是一种怎样的兴奋。未有任何耽搁，徐志摩冲向邮局。他要在第一时间回复她的牵挂，他要在第一时间告诉她自己一切都好，只是思念她日甚。急切之下，他的电报言语混乱，词不达意。

徐志摩心中冷却了的火焰又被那张短笺重新点燃了。他觉得写信太慢了，便急匆匆赶到邮局，发了一个急电给林徽因。

从邮局回到石虎胡同，他的脸上放着兴奋的光。红鼻子老蹇拉住他喝酒，喝到半酣，他猛然想起什么，放下酒杯，再次跑到邮局。当他把拟好的电稿交给营业室的老头时，老人看了看笑了，说："你刚才不是拍过这样一封电报了吗?"

徐志摩歉意地笑笑。他才想起刚才确实已经把电报发去了。

徐志摩回到寓所，再也抑制不住心情的亢奋，他要立刻给林徽因写信，铺开纸笔，信没写成，一首诗却满篇云霞地落在纸上。

啊，果然有今天，就不算如愿，
她这"我求你"也就够可怜！
"我求你"，她信上说，"我的朋友，
给我一个快电，单说你平安，
多少也叫我心宽。"叫她心宽！
扯来她忘不了的还是我——我
虽则她的傲气从不肯认服；
害得我多苦，这几年叫痛苦
带住了我，像磨面似的尽磨！
还不快发电去，傻子，说太显——
或许不便，但也不妨占一点
颜色，叫她明白我不曾改变，
咳何止，这炉火更旺似从前！
我已经靠在发电处的窗前，
震震的手写来震震的情电，

递给收电的那位先生，问这
该多少钱，但他看了看电文，
又看我一眼，迟疑地说："先生
您没重打吧？方才半点钟前，
有一位年轻先生也来发电，
那地址，那人名，全跟这一样，
还有那电文，我记得对，我想，
也是这……先生，你明白，反正
意思相像，就这签名不一样！"——
"吒！是吗？噢，可不是，我真是昏！
发了又重发；拿回吧！劳驾，先生。"——

写完最后一句，徐志摩已是泪流满面，不能自已。次日清晨，他仍和衣醉倒在书桌旁。

而当这首诗寄到伊萨卡时，林徽因已经病倒，躺在医院里的病床上了。虽然是混乱的语言，虽然一眼所见的是不达意的赘词叠加，但是冰雪聪明的林徽因瞬间便明白了徐志摩的情意。恍惚间，她的病痛似乎烟消云散；刹那间，她似乎又回到了北京，又在与那多情倜傥的诗人共话友谊；一瞬间，她似乎又见到了那位印度老人殷切的眼神。混沌中，她觉得心中涌起了某种指向明确的冲动。她要……

没有，混沌中的想法到底没有去实施。她又恢复了冷静。她已经选择了另一位男子，一位优秀的男子，她将要与他共度一生。她知道，困难只是困难而已；她也知道，怀念只是怀念而已。

对故人与故情的怀念，仅止于怀念。也许怀念在病痛时可以带来暂时的安慰，但那是鸩，虽是红彤彤，却隐藏着巨大的灾难；那是绸，虽是雪白一片，却将毫不犹豫地慢慢收紧。

林徽因连续几天发着高烧，严重时甚至会出现幻觉。她忽而觉得自己正躺在一条阴冷的山谷里，那里没有花草，也没有流水，只有漆黑的夜，黑暗将她团团包围；忽而又觉得自己像是躺在大海的波浪中，身体不由自主地摇晃着，而且愈发剧烈，直到把她摇得头晕目眩。

当她稍稍清醒些睁开眼睛时，清晨的阳光正洒在窗的帷幔上，透射到床头，那里有一束从山野里采来的鲜花，鲜艳、娇嫩的花瓣上还闪着清亮的露水。

这时，一只手轻轻放在她的额头上，她的耳边响起了梁思成如释重负的声音："烧总算退了一点儿，谢天谢地。"

她把头转向梁思成，她看到了他笑容里的无限疲惫，梁思成的眼里布满了血丝，面色苍白。吃了点东西以后，林徽因觉得精神好多了，梁思成扶她靠在床头坐下，并从衣兜里掏出一封电报给她，电文是："母病危重，速归。"

1922年，梁思成的母亲在马尼拉做了癌切除手术，夏天父亲梁启超派梁思成到马尼拉把母亲接回天津。林徽因很清楚，梁思成母亲的病已经到了晚期，于是她焦急地问："你准备什么时候起程？"

梁思成摇摇头说："我已经往家里拍了电报，不回去了。"

之后的每天早晨，梁思成都会采上一束带露的鲜花，骑上摩托车，准时赶到医院。而每天一束的鲜花，让病中的林徽因看到了生命不断变化着的色彩，她的整个心腌渍在这浓得化不开的颜色里。

筑梦宾大

宾夕法尼亚州别名“拱顶石”，首府费城。它坐落在特拉华和丘尔基尔两条河流涨潮时的交汇处，这里曾是美利坚合众国的首个首都所在地，也是美国东部的工业大州。从丘尔基尔河开始，便是费城的西城了，世界闻名的宾夕法尼亚大学就建在河的西岸。

宾夕法尼亚大学创建于18世纪，隶属常春藤大学联盟，宾夕法尼亚大学与德克莱赛尔大学毗邻，它与哈佛大学和斯坦福大学被认为是全美最好的3所大学。这里的学术气息浓厚，历任校长都思想开明，思维活跃，研究院办得有声有色。梁思成所就读的建筑学研究院，是其中的佼佼者。

著名的法国建筑师保尔·P. 克雷（1876—1945）负责建筑学研究院的教学工作。他主持设计的华盛顿泛美联盟大厦、联邦储备局大厦和底特律美术学校等建筑，曾获得过多个奖项。

林徽因与梁思成转入宾夕法尼亚大学后，梁思成很快进入建筑系学习，而由于这里的建筑系不招收女生，林徽因无奈，只得和其他美国女学生一样，只能选报美术系，选修建筑课程。宾夕法尼亚大学的美术学院教学方式比较独特，学院里有一个设备齐全的工作室，学生可以随时在里面设计自己的作品。

得闲时，林徽因、梁思成便相约到校外郊游。学校的北面是一片黑人聚居区，那里有绵延数英里的贫民窟，高低不一的住房错落无致，在瓦灰色的墙皮上还有一些乱七八糟的涂鸦。贫民窟随处可见的垃圾散发着刺鼻的臭气，一群孩子就在这臭气熏天的垃圾堆旁嬉闹，一些无所事事的流氓在街口闲逛。林徽因东方式的美丽让他们震撼，他们时常会不无恶意地吹着口哨，而林徽因总是落落大方地笑笑，坦然地从他们身边走过。

有时，他们也会到栗树山一带走走，那里随处可见漂亮的宅邸，错落有致，环境清幽，显然是富人的居住区。来了兴致时，他们也坐上车子到蒙哥马利、切斯特和葛底斯保等郊县去，参观福谷和白兰地韦恩战场、拉德诺狩猎场和长木公园。他们都对那里的盖顶桥梁很感兴趣。

他们偶尔也会到集贸市场上逛逛，那里有很多农家的小摊，出售各种新鲜的水果和蔬菜。林徽因最喜欢吃油炸燕麦包，梁思成则对黎巴嫩香肠和瑞士干奶酪情有独钟。

那里的很多美国学生都戏称从中国来的留学生是“拳匪学生”，他们觉得中国学生非常刻板和死硬，但林徽因例外。林徽因有着异乎寻常的美丽，聪明，个性活泼，还能说一口流利的英语，善于交际。

而梁思成则是一个严肃用功的学生，林徽因常常满脑子都是创造性的思维。她经常先画一张草图，接着又反复修改，甚至会因为不满意而干脆丢弃。当交图期限快到的时候，还要靠梁思成的帮忙，以他那准确、漂亮的绘图功夫，几下就把林徽因绘制的乱七八糟的草图，变成一张清晰而整齐的作品。

1926年1月17日，一个美国同学比林斯给她的家乡《蒙塔纳报》写了一篇访问记，记述了林徽因在宾夕法尼亚大学的学生生活：

她坐在靠近窗户能够俯视校园中一条小径的椅子上，俯身向一张绘图桌，她那瘦削的身影匍匐在那巨大的建筑习题上，当它同其他30到40张习题一起挂在巨大的判分室的墙上时，将会获得很高的奖赏。这样说并非捕风捉影，因为她的作业总是得到最高的分数或是偶尔得第二。她不苟言笑，幽默而谦逊，从不把自己的成就挂在嘴边。

我曾跟着父亲走遍了欧洲。在旅途中我第一次产生了学习建筑的梦想。现代西方的古典建筑启发了我，使我充满了要带一些回国的欲望。我们需要一种能使建筑物数百年不朽的良好建筑理论。

然后我就在英国上了中学。英国女孩子并不像美国女孩子那样一上来就这么友好。她们的传统似乎使得她们变得那么不自然的矜持。

对于美国女孩子——那些小野鸭子们你怎么看？

开始我的姑姑阿姨们不肯让我到美国来。她们怕那些小野鸭子，也怕我受她们的影响，也变成像她们一样。我得承认刚开始的时候我认为她们很傻，但是后来当你已看透了表面的时候，你就会发现她们是世界上最好的伴侣。在中国一个女孩子的价值完全取决于她的家庭。而在这里，有一种我所喜欢的民主精神。

宾夕法尼亚大学博物馆虽然规模不大，却名声在外。因其距离建筑系很近，不上课的时候，林徽因常常叫上梁思成一同去博物馆。那里珍藏着来自全世界各个国家的珍贵文物，林徽因还在其中发现了唐太宗陵墓中的石刻六骏中的两骏“飒露紫”和“拳毛騧”。

六骏原是唐太宗李世民在最初建立大唐王朝时，四处征战而用的坐骑。贞观十年（公元636年）天下大定，李世民命大画家阎立本为其所骑的骏马画像，并将其分别雕刻在六块高1.7米、宽2米左右的长方形石灰岩上。

每块石灰岩的右上角都刻有马的名字，标明该马是李世民在哪一场战役中所乘的，并且还刻有李世民的评语。这些石雕当年都被封存在昭陵，在帝国主义入侵时被盗至此——宾夕法尼亚大学博物馆。林徽因曾在昭陵见过的四骏的名字是：“青骓”“什伐赤”“特勒骠”“白蹄乌”。她为这些艺术品的细腻和气派赞叹不已，那一匹匹石马或奔跑，或站立，形态各异，栩栩如生。她没有想到能够在大洋彼岸与它们中的两匹邂逅。

这本该是我们的国宝，现在却出现在异国他乡的博物馆，一股浓浓的思乡之情中伴着无可奈何的悲凉，长时间萦绕心头，久久无法消散。

虽然梁思成学的是建筑专业，但他在音乐和绘画方面也有涉猎。宾夕法尼亚大学要求学生自己设计作品，他的处女作便是为林徽因制作的一面用现代的圆玻璃镜面，镶嵌在仿古铜镜里合成的仿古铜镜。铜镜正中雕刻着两个云冈石窟中的飞天浮雕，外围则是一圈卷草花纹，花环与飞天组合成完美的圆形图案，图案中间刻着：林徽因自鉴之用，梁思成自镌并铸喻其晶莹不玷也。

一日晚间，林徽因被窗户玻璃发出的声音惊醒。立在窗前，她看见了梁思成站在楼下草地向她招手。原来，这一日是她的生日。下得楼来，她牵起梁思成的手，慢慢地在静谧的校园小路上轻踏着属于他们的爱的小夜曲。

梁思成送与林徽因的生日礼物是用了大约一个星期的时间在工作室里做成的那块仿古铜镜。这块铜镜，梁思成调皮地拿给一位研究东方美术史的教授鉴定，得鉴定语："从图案上看，像是北魏时期的物品，但从未见过这样的文字。"知晓真相后，教授便不客气地称梁思成为："Hey！Mischievous imp（淘气鬼）！"

情深意更浓

林徽因与梁思成进入宾夕法尼亚大学还不到一个月，国内传来噩耗：李夫人病逝。考虑到梁思成与林徽因刚刚入校，一切尚未就绪，梁启超再三致电不让梁思成回国奔丧，只让梁思永一人回去了。梁思成悲痛欲绝，林徽因便和他一同在校园的后山上，做了一次简单的祭拜。梁思成焚烧了他写给母亲的祭文，林徽因采来鲜花绿草，编织了一只花环，朝着家乡的方向挂在了松枝上。

一边是至亲母亲大人的离去之痛，一边是心爱女友的小脾性释放，这于梁思成的内心而言，一时之间是无法并行与调和的。于是，他写信给思顺，吐露心声——“感觉着做错多少事，便受多少惩罚，非受完了不会转过来”。

姐姐思顺此时已回到加拿大家中。在平复了丧母之痛后，以慈母的心转过来对待弟弟梁思成时，她已完全体会出了弟弟的不易。思顺首先接受了林徽因，真正地接受。这一点从梁启超的信中足可侧面印证——

思顺对于徽因感情完全恢复，我听见真高兴极了。这是思成一生幸福关键之所在。我在几个月前很怕思成生出精神异动，毁掉了这孩子，现在我完全放心了。思成前次给思顺的信说：“感觉着做错多少事，便受多少惩罚，非受完了不会转过来。”这是宇宙间唯一真理，佛教说的“业”和“报”就是这个真理。思成与徽因，去年便有几个月在刀山剑树上过活！这种地狱比城隍庙十王殿里画出来的还可怕，因为一时造错了一点业，便受如此惨报，非受完了不会转头。

同时，梁启超还写了一阕《鹊桥仙》送给梁思成，将慈父的情怀表达得淋漓尽致。

也还安睡，也还健饭，忙处此心闲暇。朝来点检镜中颜，好像比去年胖些？

天涯游子，一年噩梦，多少痛愁惊怕！开缄还汝温存小，爹爹里好寻妈妈。

此时的北京，徐志摩与陆小曼正上演着一段轰轰烈烈的情爱大戏。一位是刚被拒绝而情感无处安放的倜傥男子，一位是与无聊男子生活多年而渴求爱情滋润的风情女子，一幕俗套得不能再俗套的情爱大戏就这样顺理成章地上演了。只是，这次故事中的两位主人公是值得尊敬的，他们到底没有做出什么违反伦常的大逆不道之事来，只是在追求个人情感的路上表现得激进了些。他们互相吸引，也互相匹配。郁达夫曾言：“忠厚柔情如小曼，热烈诚挚若志摩，他们遇合在一道，自然要发放火花，烧成一片了。”

因此，当林徽因了解到徐志摩与陆小曼的故事时，在一刹那的失落后，是心头大石落地的一声长吁。于林徽因而言，暴风雨后大地重归宁静，这样的轻松是彻头彻尾的，没有顾虑的。即使她还得承受张幼仪的指责——既拆散了我们，却不跟他在一起。到后来，1926 年 10 月，两位故事的主人公不顾一切地走在了一起的消息，对于林徽因而言，便是完成了一次轮回般的超脱。

而此时的林徽因也好久没有收到家里的信了。她开始惴惴不安，每天都催着梁思成去取信，但是每次都是空手而归，这让林徽因的恐慌愈发强烈。

好不容易得到了心绪上的宁静和生活上的幸福回馈，属于林徽因的劫难再一次袭来，也许人们说得对，人到这个世上来就是来受苦的。

令人忧心的消息不断地从大洋彼岸传来。报上有消息说：郭松龄在滦州召集部将会议，起事倒戈反奉，通电张作霖下野，并遣兵出关。郭军在沈阳西南新民屯失利，郭部全军覆没。

忧心如焚的林徽因，终于盼到了家书，不过信是梁启超写给梁思成的：

我现在总还存万一的希冀，他能在乱军中逃命出来。万一这种希望得不着，我有些话切实嘱咐你。

第一，你要自己十分镇静，不可因刺激太剧，致伤自己的身体。因为一年以来，我对于你的身体始终没有放心，直到你到阿图利后，姐姐来信，我才算没有什么挂念。现在又要挂起来了，你不要令万里外的老父为着你寝食不安，这是第一层。徽因遭此惨痛，唯一的伴侣，唯一的安慰，就只靠你。你要自己镇静着，才能安慰她，这是第二层。

第二，这种消息看来瞒不过徽因。万一不幸，消息若确，我也无法用别的话解劝她，但你可以将我的话告诉她：我和林叔叔的关系，她是知道的，林叔的女儿，就是我的女儿，何况更加以你们两个的关系。我从今以后，把她和思庄一样看待，在无可慰藉之中，我愿意她领受我这十二分的同情，度过她目前的苦境。她要鼓起勇气，发挥她的天才，完成她的学问，将来和你共同努力，替中国艺术界做点贡献，才不愧为林叔叔的好孩子。这些话你要用尽你的力量来开解她。

林徽因看了这封信，心里坠着一块沉甸甸的石头，恐惧袭来再没有谁能比她更了解她的父亲了。父亲性格开朗，不拘小节，又不乏严谨，充满了政治热情。在林徽因的童年记忆中，父亲常带她去大嘉山南麓拜谒南宋爱国将领李纲的墓，父亲教她背诵的第一首诗，便是文天祥的《过零丁洋》："人生自古谁无死，留取丹心照汗青。"

林徽因在英国读中学时，父亲还常与她说起自己的政治抱负，虽然那时的他已经远离了政治。尽管如此，每当他谈及时局与过往时，总是眉飞色舞，仿佛又回到那个叱咤风云的年代。只是每当提及自己在段祺瑞政府当了 5 个月的司法总长时，不免诸多感慨，总似有不平块垒在心中，他怅然自己的政治抱负无法得以实现。他曾对林徽因说过："爸这条潜龙，迟早有一天还要飞到空中去，只是需要一个风云际会的时机。"

林徽因深知以父亲的性格，只要是父亲认定了的事情，就一定会不遗余力，更不会吝惜自己的生命。终于，往国内拍发的几封电报有了回音。虽然早已有了预想，但在消息还没有确定时，总抱有一些侥幸，两人颤颤巍巍地打开信。梁启超在信中说：

> 初二晨，得续电又复绝望。昨晚彼中脱难之人，到京面述情形，希望全绝，今日已发表了。遭难情形，我也不必详报，只报告两句话：（一）系中流弹而死，死时当无大痛苦。（二）遗骸已被焚烧，无从运回了。……徽因的娘，除自己悲痛外，最挂念的是徽因。我告诉她，我已经有很长的信给你们了。徽因好孩子，谅来还能信我的话。我问她还有什么话要我转告徽因没有？她说："没有，只有盼望徽因安命，自己保养身体，此时不必回国。"我的话前两封信都已说过了，现在也没有别的话说，只要你认真解慰便好了。

泰山压顶般的灾难就这样肆无忌惮地垂直而下，砸向林徽因，躲无可躲。林徽因只看完开头几行便昏倒了。接连数日，她都精神恍惚。不久，她便接到了叔叔林天民的信和寄来的报纸，得知了父亲亡故的详细经过。林徽因放下手中的报纸时，早已泪流满面，泣不成声。

林长民的猝然离去，使大家手足无措。林家陷入困顿，全家上下只剩现金300多元，难以为继。林徽因的学费自是不能保全之首项。此时，这已不是林徽因内心所虑，充斥在她胸膛的是对母亲命运的担忧，对弟弟妹妹们的抚养之责，甚而还有对林氏家族未来的不安。

几乎是同一时间，梁启超便写信给梁思成，嘱咐他要做好安抚。其实，此时的梁家亦受经济困难之掣肘。为了渡过劫波，梁启超准备动用股票利息以解现下危困之局——“只好对付一天是一天，明年再说明年的话”。

时间是抚平伤痛的最好良药。

沉默下来的林徽因重新投入到了学习中。她要以全身心的学习来忘记生活带来的苦痛。宾夕法尼亚大学建筑系的作业，总能别出心裁：有时是为毁损的建筑物做修复设计；有时是重新设计一座凯旋门、纪念柱。这样的作业对于想象力丰富、思维活跃的林徽因而言本是不难。她总能生成一个又一个新颖的主意，甚至在临近期限时，还会生出许多新的想法。于是，她总会加班加点。交作业的期限逼得她绝望时，梁思成便会来到，以精湛的绘图功力迅速而准确地将林徽因的想法与草图变成精彩的作品。每逢这样的时刻，个中的人儿怎能不生出“珠联璧合”的感想来呢？

于此，林徽因从不讳言，她总是很骄傲地说：“我是个兴奋型的人”，梁思成的沉稳与她的俏皮形成了互补。他们的互补与默契，延续了一生。

执子之手

时间过得真快。转眼到了 1927 年。这是林徽因与梁思成在宾夕法尼亚大学学习的最后一年了。

3 月份，在纽约访问的胡适被邀请到宾夕法尼亚大学演讲。在与胡适的谈话中，徐志摩与陆小曼的婚礼一事被详细谈及。林徽因与梁思成先是将梁启超的一封来信中关于婚礼的言辞说与胡适——“我昨天做了一件极不愿意做的事，去替徐志摩证婚……我在礼堂演说一篇训词，大大教训一番，新人及满堂宾客无一不失色，此恐是中外古今所未闻之婚礼矣……”之后，亲临现场的胡适将现场情形说与他们。胡适告诉他们，那天的婚礼在北海快雪堂举行。梁任公手拄拐杖，怒言：“徐志摩，你这个人性情浮躁，所以在学问方面没有成就；你这个人用情不专，以致离婚再娶……以后务要痛改前非，重新做人！”林徽因与梁思成知道，这符合任公一贯的行事风格，只是为徐志摩与陆小曼当时的尴尬不禁心生同情。其实，于林徽因与梁思成而言，更重要的是，这种同情，他们是相同的。

水到渠成的爱情，最终一定要奔向那幸福的彼岸。

1927年夏天，林徽因结束了宾夕法尼亚大学的学业，获美术学士学位，转入耶鲁大学戏剧学院，在G. P. 贝克教授的工作室学习舞台美术半年，成为我国第一位在国外学习舞美的学生。1927年底，因为研究需要，梁思成向哈佛大学的导师申请回国实地考察，搜集资料。同时，林徽因结束了在耶鲁大学的半年舞美设计研修。

此时，是为他们举办婚礼的最佳时机。梁启超开始操劳他们的婚事了，他主张采用外国最庄严的仪式，由在加拿大任总领事的女婿周希哲和女儿梁思顺帮助筹划，婚礼在温哥华举行。在此之前，北京家中先行举办了订婚仪式，梁启超在致女儿思顺的信中，言其行文定礼极盛：

这几天家里忙着为思成行文定礼，已定于（1927年12月）十八日在京寓举行，因婚礼十有八九是在美举行，所以此次行文定礼特别庄严慎重些。晨起谒祖告聘，男女两家皆用全帖遍拜长亲，午间大宾，晚间家族欢宴。我本拟是日入京，但（一）因京中近日风潮正来，（二）因养病正见效，入京数日，起居饮食不能如法，恐或再发旧病，故二叔及王姨皆极力主张我勿往，一切由二叔代为执行，也是一样的。今将告庙文写寄，可由思成保藏之作纪念。

聘物我家用玉佩两方，一红一绿，林家初时拟用一玉印，后闻我家用双佩，他家中也用双印，但因刻玉好手难得，故暂且不刻，完其太璞。礼毕拟两家聘物汇寄坎京，备结婚时佩带，唯物品太贵重，深恐失落，届时当与邮局及海关交涉，看能否确实担保，若不能，即仍留两家家长，结婚后归来，乃授予保存。

可怜天下父母心，梁启超为儿子的婚事费尽心思，从聘礼的红绿庚帖，到大媒人选的择定，事必躬亲，就连买一件交聘的玉器，从选料到玉牌孔眼的大小方圆，都要反复思量妥当。尽管这些烦琐的事情让他疲惫不堪，但他心里却依旧开心得很。他在6天之后的又一封信中说：

这几天为你们的聘礼，我精神上非常愉快，你想从抱在怀里"小不点点"，一个孩子盼到成人，品性学问都还算有出息，眼看着就要缔结美满的婚姻，而且不久就要返国，回到怀里，如何不高兴呢？今天的北京家里典礼极庄严热闹，天津也相当于小小点缀，我和弟妹们极快乐地玩了半天。想起你妈妈不能小待数年，看见今日，不免有些伤感，但她脱离尘恼，在彼岸上一定是含笑的。除在北京由二叔正式告庙外，今晨已命达达等在神位前默祷达此诚意。

我主张你们在坎京行礼，你们意思如何？我想没有比这样再好的了。你们在美国两个小孩子自己实张罗不来，且总觉得太草率，有姐姐代你们请些客，还在中国官署内行谒祖礼（礼还是在教堂内好），才庄严像个体统。

婚礼只在庄严不要侈靡，衣服首饰之类，只要相当过得去便够，一切都等回家再行补办，宁可节省点钱作旅行费。

在给二弟的信中，梁启超说："徽因、思成已决定在美结婚（我及思顺如此主张，彼两小未完全同意），婚仪太简率，所以想在文定礼上稍微郑重庄严一点……"为显郑重与庄严，并以订婚礼告慰林家，梁启超特在信中嘱咐："座位是林家大媒首席，我家大媒次之，汝代表主人须亲自送酒言席陪客。"

在给梁思成、林徽因的信中，梁任公关于北京家中为他们准备订婚仪式情形的详细描述更是说明了郑重与庄严——"晨起谒祖告聘，男女两家皆用全贴遍拜长亲，午间宴大宾，晚间家族欢宴……"

订婚仪式后，梁启超喜悦之余，又提笔给梁思成、林徽因写信，详细讨论结婚与归国行程等各项事宜。

死生挈阔，与子成说。执子之手，与子偕老。我想，每个人都向往这样的爱情，希望能和自己爱的人共度一生。记得胡兰成和张爱玲结婚的时候，胡兰成给张爱玲的结婚庚帖上说"惟愿此生岁月静好，现世安稳"，后来却事与愿违。而林徽因却是幸运的，他找到了那个能给她现世安稳的人。

1928 年 3 月 21 日，梁思成与林徽因在加拿大渥太华中国大使馆举行了婚礼。在大姐梁思顺与姐夫周希贤的操办下，梁思成与林徽因踏上了幸福的人生旅程。

而此时，站在傧相席位上的梁思顺早已热泪盈眶。自从母亲李夫人去世后，父亲梁启超曾数次写信欲弥合自己同林徽因之间的感情，在父亲的努力下，梁思顺也慢慢冰释了思想上的芥蒂。

这次见到林徽因，与以往又有不同，林徽因出落得更加风姿绰约，落落大方。梁思顺不得不承认父亲的眼光，给弟弟选择了这样一个出色的伴侣。他们结婚的费用，全是梁思顺筹措的。在中国领事馆，她和周希哲还为林徽因、梁思成张罗了几桌丰盛的婚宴。去教堂之后，一对新人按照传统的中国习俗，在官署内行了谒祖礼。这对小夫妻也欢欢喜喜地给姐姐、姐夫行了三鞠躬。

面向新郎与新娘，周希贤大声说道："现在我代表双方家长要求你们，"边说边转向梁思成，"你愿意娶林徽因做你的妻子，爱她并珍惜她，无论贫富或疾病，至死不渝?"

"是的。"梁思成回答。

他又转向林徽因："你愿意接受梁思成为丈夫，爱他并珍惜他，无论贫富或疾病，至死不渝?"

"我愿意。"林徽因回答。

亲朋与好友的雷鸣般欢呼，将这对新人的幸福烘托到了云端。那一刻，世界是他们的，他们是属于对方的；那一刻，他们就知道，此生自己都不会离开对方了。

最后，让我们用林徽因与梁思成洞房花烛夜的两句对话来结束对他们的缘分的仰视与祝福——

"有一句话，我只问这一次，以后都不会再问，为什么是我?"

"答案很长，我得用一生去回答你，准备好听我说了吗?"

婚礼结束后他们将按照父亲梁启超的筹划，开启南欧之游。安排极其详尽而周密，关于归国行程，梁任公更是言之备矣——

你们由欧归国行程，我也盘算到了。头一件我反对由西伯利亚回来，因为……没有什么可看，而且入境出境，都有种种意外危险，你们最主要目的是游南欧，从南欧折回俄京搭火车也不太经济，想省钱也许要多花钱。我替你们打算，到英国后折往瑞典、挪威一行，因北欧极有特色，市政亦极严整有新意（新造之市，建筑上最有意思者为南美诸国，可惜力量不能供此游，次则北欧特可观），必须一往。由是入德国，除几个古都市外，莱茵河畔著名堡垒最好能参观一二。回头折入瑞士，看些天然之美，再入意大利，多耽搁些日子，把文艺复兴时代的美，彻底研究了解。最后便回到法国，在马赛上船（到西班牙也好，刘子楷在那里当公使，招待极方便，中世及近世初期的欧洲文化以西班牙为中心），中间最好能腾出时间和金钱到土耳其一行，看看回教的建筑和美术，附带着看看土耳其革命后的政治。关于这一点，最好能调查得一两部极简明的书（英文的）回来讲给我听听……

呼吸着温哥华的空气，沐浴着玫瑰花雨，身边有爱人相伴、相知、相依……九泉之下的林长民，也会为女儿祝福的。林徽因，请你一定要幸福。

第五章　平平相思无以酬

世人都祈求圆满，殊不知缺憾也是一种美丽。随性、淡然的心性更能让人获得心灵的安宁与快乐。当徐志摩与林徽因的人生轨迹渐行渐远，当他们将爱都交付给了新的主人，一切似已尘埃落定。而当走过那一段多梦的岁月，踏进柴米油盐的烟火幸福后，方才明白，琴棋书画只是陶冶情操的调剂品，而红尘岁月的相依相守、相濡以沫，才是绽放在枝头的花朵……

罗曼归途

仲春的伦敦。泰晤士河水碧绿，河岸两侧的建筑物涂染着生机勃发的色彩，就连阳光也充盈着葱茏的绿意，为一个季节围起了温情的栅栏。1928 年春，林徽因和梁思成开始循着梁启超指定的路线，从这里开始了浪漫的欧洲蜜月之旅。

这里于林徽因而言是旧地重游，丝风片云都倍觉亲切，而于梁思成而言，这里的一切都是陌生的，也因此让他对这里产生了神秘的向往。遵照父亲梁启超的安排，他们蜜月后的旅行主要是考察古建筑，圣保罗大教堂是他们最先考察的第一座圣殿。

圣保罗大教堂是一座较为成熟的文艺复兴时期的建筑。这座教堂闻名于世，不仅仅因为它是 18 世纪著名建筑师雷恩爵士的作品，更因为这里埋葬着曾经打败拿破仑的威灵顿公爵和战功赫赫的海军大将纳尔逊的遗骨。

在雕刻着圣保罗旧主生平的山墙下，梁思成问林徽因：“你从泰晤士河上看这座教堂，有什么感觉?”

林徽因说：“我想起了歌德的一首诗，‘它像一棵崇高浓荫广覆的上帝之树，腾空而起，它有成千枝干，万百细梢，叶片像海洋中的沙，它把上帝——它的主人——的光荣向周围的人们诉说。直到细枝末节，都经过剪裁，一切于整体适合。看呀，这建筑物坚实地屹立在大地上，却又遨游太空。它们雕镂得多么纤细呀，却又永固不朽。’”

梁思成也激动起来：“我一眼就看出，它并非一座人世间的建筑，它是人与上帝对话的地方，它像一个传教士，也会让人联想起《圣经》里救世的方舟。”

林徽因和梁思成还考察了富有东方情调的铸铁建筑布莱顿皇家别墅，以及别具古典内涵的英国议会大厦。而最让他们倾心的是海德公园的水晶宫。

林徽因是这样记录自己的感受的：“从这座建筑，我看到了引发起新的、时代的审美观念最初的心理原因，这个时代里存在着一种新的精神。新的建筑，必须具有共生的美学基础。水晶宫是一个大变革时代的标志。”

德国的首站是波茨坦。那里的第一场春雨为他们洗去了一路风尘。

在雨中看爱因斯坦天文台，那流线型的建筑，仿佛是一只引颈远眺的白天鹅，正展翅欲飞。这座天文台设计新颖独特，它的外形以塔楼为主体，墙面屋顶浑然一体。流线型的门窗，很容易让人联想到轮船上的窗子，就像是由于快速运动而形成的形体上的变化，以此来象征时代的动力和速度。

林徽因站在塔楼下，梁思成按动照相机的快门，摄下了这个雨中的镜头。

“真美啊!”林徽因不禁赞叹着。

“我觉得它好像一部复调音乐。”梁思成说，“塔楼的纵向轴线和流线型的窗户，如乐曲中的两个主题。这个建筑与巴赫的赋格曲真是异曲同工。”

在德绍市，他们还参观了以培养建筑学家著称的包豪斯学院。在刚刚落成的新校舍，他们的视觉再一次受到了现代美的震撼。

此外，他们还在德国考察了巴洛克和洛可可时期的许多建筑：德累斯顿萃莹阁宫、柏林宫廷剧院、乌尔姆主教堂以及希腊雅典风格的慕尼黑城门。尤其是历时 632 年才建成的北欧最大的哥特式教堂——科隆天主教堂，让他们大饱眼福。

日耳曼民族的文化和历史在这些不同历史时期的建筑上，闪烁着不朽的光辉。他们似乎真切地看到了奋发向上的日耳曼民族精神，看到了一个民族的文化历史的积淀。

结束了德国之旅，林徽因和梁思成便立刻走进了世界公园之国——瑞士的湖光山色中。瑞士是个多湖的国家，50 多个湖泊就像一把明珠撒在风光旖旎的大地上。而最让他们心醉的是这里的莱蒙湖。

他们在湖边的菩提树下流连，一群群鹳鸟在湖面上飞来飞去，岸边稠密的矮树林里不时传来画眉的歌声，绿地上的莓子刚刚吐出淡红色的花蕊……在这样的美景里畅谈人与自然、人与建筑、建筑与自然的关系，林徽因与梁思成思如泉涌。

更为幸运的是，在意大利，他们刚到罗马就结识了一位叫塔诺西的姑娘。塔诺西刚满 20 岁，是一名大学建筑系三年级的学生。她有一头金色的柔发，蓝宝石色的眼睛，她能讲一口漂亮的英语，听说林徽因和梁思成在考察文艺复兴时期的古建筑，便热情而主动地给他们当起向导来。

塔诺西对罗马的建筑和历史有着自己独特的见解和认识：

“你们应该先看看拜占庭艺术。罗马是拜占庭的故地，不了解拜占庭，就不了解文艺复兴。在你们中国魏晋南北朝时期，欧洲正处在罗马帝国分裂、奴隶制正在消亡的时期。每个民族每个历史时期，都会有它独特的文化实体、艺术成就、建筑文化和艺术的价值，它的伟大与骄傲也就在这里。

“你们知道吗？这个角斗场可以容纳 8 万观众。古罗马是崇武的国家，这种社会形态也在建筑中得到了反映，整个古罗马的文化都可以在建筑中找到投影。罗马时代有好多进步的文化内容，其中有物质的，也有精神的，文艺复兴时期的建筑理论，主要受了罗马古建筑的影响。

“1505 年，教皇朱里阿二世想为自己建造一座宏大的墓室，就拆掉了一座老教堂，公开征集设计方案，结果伯拉孟特十字形平面方案中选。这项设计参照了罗马万神庙的设计，但增加了灯塔形的窗户和围廊，后来又经拉斐尔、米开朗琪罗修改，最后定型，中央穹窿就是米开朗琪罗的遗作。”

塔诺西带着他们几乎跑遍了罗马全城，欣赏了卡必多山上的建筑群、马西米府邸和维晋察的圆厅别墅，尤其是圣彼得大教堂和圣卡罗大教堂。圣彼得大教堂建于 17 世纪初，全部工期历时 120 年，是整个文艺复兴建筑中最辉煌的作品。

他们登上了高达 137 米的顶点，将整个罗马全城尽收眼底，梁思成由衷地赞叹着：“真是‘会当凌绝顶，一览众山小’啊！”塔诺西说：“这座教堂是罗马全城的最高点，人们说它可与埃及的吉萨金字塔相比。”

塔诺西还建议林徽因和梁思成到米兰去，因为那里有一座全世界最大最有气魄的教堂。于是，他们又乘火车赶到米兰。米兰是意大利北部的一座小城市，因米兰大教堂而驰名世界。

眼前的教堂让他们瞠目结舌，那一片尖塔样式的建筑，乳白色的大理石在阳光下闪着玉一样的光泽。教堂的背景就是雄伟的阿尔卑斯山，让教堂于巍峨之外，更添了不少庄严和神圣。

塔诺西叫着："看呀！那儿就是我们的锦绣森林，你们看这些尖塔，整整 135 座，那塔上的雕像，有 3615 个之多，都和真人一样大小。"塔诺西介绍说，米兰大教堂从 1385 年开始建造，一直到 19 世纪才完工。它是根据第一任米兰大公加米西佐 · 维斯孔蒂的命令建造的，可容纳 4 万人做大弥撒。

最后他们又在水城威尼斯逗留了两天，才与塔诺西依依惜别。塔诺西买了一个刻花皮夹和一个大理石小雕像送给林徽因和梁思成作为纪念。这些都是威尼斯的特色礼品。

林徽因和梁思成从威尼斯走水路，经马赛上岸，沿罗纳河北上，来到了法国巴黎。他们先是在中国领事馆做了短暂的休息，次日便起程去造访巴黎的宫室建筑。

他们先去了南郊的枫丹白露宫。这座位于巴黎东南的离宫，最初被称作"彼耶森林"。后来一位法兰西国王误闯入林中行猎才被发现，遂辟为猎庄。1528 年起，弗朗索瓦一世对其进行了大规模扩建，直到路易十五时期，历代国王均不断对其进行扩建。

这座离宫在形态上完全是意大利文艺复兴建筑风格，却又衍生出了许多自然情趣，更因与拿破仑的起落成败有着为人津津乐道的故事，而平添了几分传奇色彩。

凡尔赛宫集建筑、园林、绘画之大成，集中体现了法国 17 世纪、18 世纪光辉的艺术成就。两人更是从中发现了几分中国故宫的影子，林徽因说：“太阳王不能垄断阳光，而这种宫室建筑文化和艺术，却带来了18世纪洛可可艺术的兴起。大概建筑文化和艺术的演变，跟社会结构的形态是同步的，它们来自同一个信息源，在一个因果链中。你想想北京的故宫，为什么与这种建筑风格有那么多一致的地方?”

“那时中国的漆器、纺织品和瓷器大量销往欧洲，”梁思成说，“路易十五这个贪财的皇帝也有点艺术灵感，可能是从中受了启发。如此说来，中国人还是他们的老师呢!”

当他们回到领事馆时，便收到了父亲梁启超发来敦促他们回京就业的电报。

于是，他们不得不放弃对巴黎圣母院、万神庙和雄狮凯旋门的考察，放弃到西班牙、土耳其等国家的旅行计划，放弃水路改道陆路，从巴黎乘火车取道波恩、柏林、华沙、莫斯科，横穿西伯利亚，经伊尔库什克回国。

蜜月的旅途是那么精彩，满身的疲惫在满心甜蜜的笼罩下不见了踪影。

山间静养

渴望纯粹之人，总愿意像植物一样，在安静美好中带着孤独骄傲，生长于这人世间。当我们以为这一生望不到头，可回首之时，却恍若昨天。

东北大学的开学典礼如期举行，大礼堂前面的广场上的鼓乐队奏起了雄浑的音乐，两千多名师生排着整齐的队伍，在堡垒形的广场上站成一座森林般的方阵。

校长张学良将军身着戎装，胸前披挂着金色的绶带，英气逼人，笔挺地站在主席台正中。

张学良做过简短的致辞之后，两千多名师生合着音乐高声唱起了刘半农作词、赵元任作曲的《东北大学校歌》：

白山兮高高，黑水兮滔滔；
有此山川之伟大，故生民质朴而雄豪；
地所产者丰且美，俗所习者勤与劳；
愿以此为基础，应世界进化之洪潮。
沐三民主义之圣化，仰青天白日之昭昭。

痛国难之未已，恒怒火之中烧。
东夷兮狡诈，北虏兮矫骁，
灼灼兮其目，霍霍兮其刀，
苟捍卫之不力，宁宰割之能逃？
唯卧薪而尝胆，庶雪耻于一朝。
唯知行合一方为责，无取乎空论之滔滔，
唯积学养气可致用，无取乎狂热之呼号。
其自迩以行远，其自卑以登高。
爱校、爱乡、爱国、爱人类，期终达于世界大同之目标。
使命如此其重大，能不奋勉乎吾曹，能不奋勉乎吾曹。

激昂的歌曲将现场两千多颗心唱得沸腾了，师生们群情振奋，他们仿佛听到了血液在脉管里汩汩奔流的声响。

林徽因和梁思成从欧洲日夜兼程赶回北平时，已是8月18日了。其实，早在6月19日，梁思成申请东北大学教职已经很顺利地获得批准了，聘书已到了父亲梁启超手中。在家休息十数日，两人便又起程奔赴沈阳。在那里，他们要开始自己的职业生涯。

为了他们二人的职业，梁启超费了不少心思，早在他们游历欧洲期间，梁启超就开始多方奔波了。而在旅途中，他们频频收到父亲的来信，几乎每一封信中都谈到了他们回国后的职业问题：

你们回来的职业，正在向各方面筹划进行，一是东北大学教授，一是清华大学教授，成否皆未可知，思永别有详函报告。另外还有一件“非职业的职业”——上海有一位大藏画家庞莱臣，其家有唐画十余轴，宋元画近千轴，明清名作不计其数，这位老先生六十多岁了，我想托人介绍你拜他门，当他几个月的义务书记，若办得到，倒是你学问前途一个大机会。你的意思如何？亦盼望到家以前先用信表示。你们既已学成，组织新家庭，立刻须找职业，求自立，自是正办，但以现在时局之混乱，职业能否一定找着，也很是问题。我的意思，一面尽人事去找找，找得着当然最好，找不到也不妨，暂时随缘安分，徐待机会。若专为生计独立之一目的，勉强去就那不合适或不乐意的职业，以致或贬损人格，或引起精神上苦痛，倒不值得。一般毕业青年大多数立刻要靠自己劳作去养老亲，或抚育弟妹，不管什么职业得就便就，那是无法的事。你们算是天幸，不在这种境遇之下，纵令一时得不着职业，便在家里跟着我再当一两年学生（在别人或正是求之不得的），也没有什么要紧。所差者，以徽因现在的境遇，该迎养她的娘才是正办，若你们未得职业上独立，这一点很感困难。但现在觅业之难，恐非你们意想所及料，所以我一面随时替你们打算，一面愿意你们先有这种觉悟，纵令回国一时未能得相当职业，也不必失望沮丧。失望沮丧是我们生命上最可怖之敌，我们须终身不许它侵入。

《中国宫室史》诚然是一件大事业，但据我看，一时很难成功，因为其建筑十九被破坏，其所有现存的，因兵乱影响，无从到内地实地调查，除了靠书本上资料外，只有北京一地可以着手。所以我盼望你注意你的副产工作，即《中国美术史》。这项工作，我可以指导你一部分，还可以设法让你看见许多历代名家作品。回来时立刻得有职业固好，不然便用一两年工夫，在著述上造出将来自己的学术地位，也是大佳事。

前在清华提议请你，本来是带几分勉强的，我劝校长增设建筑图案讲座，叫你担任，他很赞成，已经提出评议会。闻今年此类提案甚多，正付审查未表决，而东北大学交涉已渐成熟。我觉得为你前途立身计，东北确比清华好，况且东北相需是殷，而清华实带勉强。因此我便告校长，请将原案撤回，他曾否照办，未可知，便现在已不成问题了。几年评议会许多议案尚未通过，新教习聘书一概未发，而北京局面已翻新，校长辞职，负责无人，下学期校务会在停顿中。该校为党人所必争，不久将全体改组，你安能插足其间？前议作罢，倒反干净哩。

东北大学成立之初，建筑系只有林徽因与梁思成两位教员，学生则有40多名，教学法采用英美式。入职后不久，林徽因请假回了趟福州探望母亲，之后，便迅即返回沈阳。那时的东北大学建筑系，因为建系不久，教学任务十分繁重，甚至除了正常的教学外，林徽因还抽出课余时间为学生补习英文。因为教材全是英美原版引进，实习报告也全是英文的。

临近期末时，林徽因怀孕了。

他们真的很辛苦，但这份辛苦中隐藏着满满的幸福。

寒假前，北平家中发来电报，父亲梁启超病重，已经入住协和医院。没有片刻耽搁，林徽因怀着身孕与梁思成赶回北平。

虽经中药调理见好转，但身患当时世界罕见病症的梁任公终于还是没能坚持很久。1929年1月19日下午2时15分，梁启超撇下了他们和这个世界驾鹤西行，甚至都没有机会看一眼林徽因腹中的梁家骨血。

这里，有一个小细节一直不为人知。40多年后，梁思成从为自己治病的大夫处得知当初父亲病逝的真相：一个护士标错了位置，主治大夫没有仔细核对 X 光片，切去了健康的肾。

对于林徽因与梁思成而言，恐怕怎么也没有想到，毕业后的第一件作品，竟是给深爱自己的父亲设计墓碑——墓碑高 2.8 米，宽 1.7 米；碑形似榫，古朴庄重；正面镌刻着："先考任公政君暨先妣李太夫人墓" 14 个大字。这块碑饱含了林徽因与梁思成对父亲深深的爱意与敬意。

1929 年 8 月，林徽因在协和医院诞下了她与梁思成的第一个孩子——梁再冰。孩子的名字来自父亲梁启超的"饮冰室"，那是为了纪念林徽因与梁思成共同的父亲。

他们的生活节奏没有被打乱，即使是女儿的降生。女儿再冰满月后，林徽因便与梁思成回到了东北大学，重新投入紧张的教学工作。这已经是来东北大学的第三个学期了。对于骨子里有着深深学者情怀的两人而言，应该要有所动作了。因此，林徽因建议梁思成开始着手早已计划的《中国建筑史》。还有一个重要的原因，那个时候，唯一一部《中国建筑史》是日本人写的，配图是日本兵手持军刀站在中国古建筑前。这本书对他的震撼实在是太大了，林徽因觉得，中国人应该有自己的建筑史。她全力辅佐梁思成整理资料，实地考察，林徽因当仁不让。

这样，襁褓中的孩子、繁重的教学与繁细的学术准备工作一下子充斥了他们的生活。很难想象，他们怎么度过。更何况，对于肺部一直不好的林徽因而言，实在是难以承受这些，生活的繁忙终于将她击倒了。

1930 年秋天，听从专程去沈阳看望他们的徐志摩的建议，林徽因与梁思成回到北平静养。说是静养，其实并不能完全做到。

因为，再冰还小，需要林徽因照顾。到了冬天，有一次林徽因陪友人去协和医院就医时，被医生发现，留下拍 X 光片，竟确诊为肺结核。医生建议，赶紧到山中静养，不能再劳累了。可是，眼见再冰太小，梁思成又有很多工作，林徽因实在难以决定。

转年 7 月，梁思成送走了他们在东北大学的第一届毕业生，回到了北平，与林徽因一同应聘到朱启钤先生任社长的中国营造学社任职。不久，林徽因的病势愈发严重了。不得已，梁思成送林徽因到香山静养，林徽因的母亲与再冰陪同着。他们住在双清别墅，该别墅因乾隆皇帝题字而得名。别墅的院子是覆盖着琉璃瓦的矮墙圈着的，院子里的池塘里满是盛开的荷花。

静养的日子竟是别有一番天地，脱离了工作与生活中的纷繁复杂，身旁有母亲的陪伴，整日里与美丽的山中景色相伴，林徽因原本因为病情沉郁的心情也变好了。终于，她羸弱的身体开始恢复元气。

身为诗人的林徽因，此时开始尽情地展现她在诗歌方面的文字天赋了。这一年的香山静养，成就了林徽因的文学创作，尤其是诗歌创作方面，那些美丽的文字在她笔下涌出。此后，林徽因几乎没有停止过。

来香山以前，林徽因便应徐志摩与方令儒、方玮德、陈梦家一起创办的《诗刊》之邀，一口气写下了《那一晚》《谁爱这不息的变幻》与《仍然》等几首新体诗歌。上山以后，更是一发不可收拾。

心情确实是好，她写了《笑》。

笑的是她的眼睛，口唇，

和唇边浑圆的旋涡。
艳丽如同露珠，
朵朵的笑向
贝齿的闪光里躲。
那是笑——神的笑，美的笑：
水的映影，风的轻歌。

笑的是她惺忪的鬈发，
散乱的挨着她耳朵。
轻软如同花影，
痒痒的甜蜜
涌进了你的心窝。
那是笑——诗的笑，画的笑：
云的留痕，浪的柔波。

心是轻松的，笑便是极美的。这样的笑必是无法掩饰的，反而愈发明显，因为它已经悄悄地在眼角、嘴边，从那两旁脸颊的“旋涡”里溢出来了。终于，这不必再掩饰的笑，润物细无声地浸入了心田，像云一般轻，浪一般柔。

好友都来看望林徽因了。5 月 15 日，徐志摩拉上张歆海夫妇、张莫若夫妇来到香山，专程看望林徽因。不是不知道，多么聪慧的林徽因，她没有点破，也没有必要辜负这大好的春光。

“你们看我是否胖一些了？这两个月我长了 3 磅呢！”林徽因指着自己养了两个月的脸颊，笑着说。

张歆海的夫人韩湘眉不无调皮地逗笑着：“看你的脸让太阳

晒的，简直像个印度美人了。”

笑声中，一行人来到了弘济寺旁一块大石头前。众人驻足。张歆海对徐志摩说：“志摩，你看这个神鸡石是公鸡还是母鸡呵?”未及徐志摩答话，心情甚好的林徽因便答道：“当然是母鸡了，你看它尾巴下有个石洞，人都说这是一只神鸡，每天下5个鸡蛋，乡亲们都叫它下蛋石呵!”似乎是受了韩湘眉的感染，林徽因也调皮了起来。

“母鸡就不能把头昂得高一点?人家生了蛋，也该骄傲一下嘛。你看我家的湘眉，生了孩子，一天比一天神气!”张歆海也不依不饶起来。

一时间，大家畅笑。韩湘眉适时地打断了大伙的笑声：“还是让徽因来读读她写的诗吧。”众人便都住了声。

“好久没有这样开心了，我一个人在山上，真是闷死了。诗倒是写了不少，可不好给你们拿出来，就给你们读读我那《一首桃花》吧。”

桃花，
那一树的嫣红，
像是春说的一句话：
朵朵露凝的娇艳，
是一些
玲珑的字眼，
一瓣瓣的光致，
又是些
柔的匀的吐息；

含着笑，
在有意无意间，
生姿的顾盼。
看——
那一颤动在微风里，
她又留下，淡淡的，
在三月的薄唇边，
一瞥，
一瞥多情的痕迹！

吟毕，韩湘眉感叹："真是太好了，看来我们是来晚了，没见上那一树桃花。"一语道出了大家的心声，更是道出了徐志摩那些早已躲藏多时喷薄欲出的心语。

徐志摩到底没有忍得住："徽因的诗，佳句天成，妙手得之，是自然与心灵的契合，又总能让人读出人生的况味。这《一首桃花》与前人的'记得绿罗裙，处处怜芳草'是同一种境界。"

众人会意而笑。

这段日子里，林徽因可算是个高产的诗人——《激昂》《莲灯》《情愿》《中夜钟声》《山中一个夏夜》《深夜里听到乐声》，一首接着一首。甚至，她还创作了一篇短篇小说《窘》。

那时的徐志摩日子并不好过，他与陆小曼过着一种所谓的销筋蚀骨的生活。陆小曼每天沉溺于夜生活，早晨天快亮时睡觉，下午两三点钟起床；待装扮完毕，等待她的又是一夜的莺歌燕舞。这样的生活，徐志摩再也无法忍受了，便恳求陆小曼一同到北平，过规律一些、健康一些的生活，过有所作为的生活。然而，习惯了上海的灯红酒绿的陆小曼哪里愿意。无奈的徐志摩只得于无人处反省自己：“这几年生活不仅是极平凡，简直到了枯窘的深处。跟着，诗的产量也尽向瘦小里耗……”

而这些，也或多或少地传到了林徽因的耳朵里。

林徽因没有说什么，她不想让他尴尬，也不愿让自己尴尬，更不愿让梁思成难受。她能做的只有沉默，安静地、面带笑容地沉默。徐志摩明白，那是拒人于千里之外的笑容。是的，她的分寸拿捏得很好。

要下山了，徐志摩在再冰的脸颊上轻轻地吻。

林徽因送他们，站在转弯处，一直看着他们。徐志摩回头看时，她还在那儿，静静地看着，还是那沉默而疏离的微笑。

诗 意 建 筑

双清别墅，建于1917年，位于香山南麓半山腰，原来是清朝皇家园林香山静宜园“松坞山庄”。之所以叫“双清”，是因为那里有两股泉水，称为梦感泉。相传金章宗到此打猎，梦到射中一大雁掉落山间，于是命人在梦中大雁掉落处深挖，没想到挖出两眼泉水，便命名为梦感泉。

双清别墅不仅景色美，更是见证并经历了许多的历史事件与许多的历史名人。清朝乾隆皇帝亲自命名并御笔题写“双清”。熊希龄曾在香山创建香山慈幼院，并居住于此。中共中央进驻北平的第一站便在此处，毛泽东主席便是在这幢别墅里指挥中国人民解放军解放了全中国。毛泽东主席在此别墅居住时写下了著名的《人民解放军占领南京》。

此时，在双清别墅留宿的是近现代中国一代才女林徽因。在香山期间，林徽因的身体得以修养，脸颊开始长起了肉，重新又变得圆润，精神重又焕发。

之前一年，1930年，朱启钤先生发起成立中国营造学社，专门从事中国古代建筑的研究。为筹措经费，朱先生向“庚子赔款——中华教育基金会”提出申请。基金会董事周诒春为促成此事，便建议，为了增大申请经费成功的可能性，应该聘任建筑学方面的专门人才。为此，周诒春专程到了沈阳，劝说鼓动梁思成与林徽因加入中国营造学社。恰好此时，林徽因身体孱弱急需回京疗养。正处于事业家庭两难的梁思成与林徽因，在略加考虑后，便答应了邀请。

送走自己的第一届学生后，1931 年 9 月，梁思成与林徽因正式离开东北大学。之后，二人应聘到朱启钤先生的中国营造学社，成了专门的研究者——专门研究中国古代建筑。梁思成任法务部主任，林徽因任“校理”，负责讲授中国古建筑史。

林徽因讲授的古建筑史渐渐得到了学术界与官方的认可。这一年的 11 月，27 岁的林徽因被安排为十几个国家的驻华使节讲授中国建筑艺术。这件事，虽多是因为徐志摩的缘故，但总也不能磨灭它本身于林徽因的意义——特别是学术上的和外交上的。

11 月 19 日晚，在协和的小礼堂，林徽因将在这儿完成一次属于自己的独角戏。这一次，她将再一次运用流利且标准的牛津英语将中国的古建筑介绍给各国的使节们；这一次，她将以演讲的方式传递更宏大的情感，替民族文化做添砖加瓦的宣传。她的演讲题目是《中国的宫室建筑艺术》。

她为自己特意挑选了淡雅而庄重的服饰——珍珠白色毛衣与深咖啡色呢裙。她让自己的一举一动都体现出中国女性的端庄与典雅——手拿演讲稿，目光平视，轻盈地迈步从台下向演讲台走去。她的演讲刻意为我们民族的文化做了精美包装——

女士们，先生们！建筑是全世界的语言，当你踏上一块陌生的国土的时候，也许首先和你对话的，是这块土地上的建筑。它会以一个民族所特有的风格，向你讲述这个民族的历史，讲述这个国家所特有的美的精神，它比写在史书上的形象更真实，更具有文化内涵，带着爱的情感，走进你的心灵。

漫长的人类文明历程，多少悲壮的历史情景，梦幻一般远逝，而在自然与社会的时空演变中，建筑文化却顽强地挽住了历史的精神气质和意蕴，它那统一的空间组合、比例尺度、色彩和质感的美的形态，透视出时代、社会、国家和民族的政治、哲学、宗教、伦理、民俗等意识形态的内涵，我们不妨先看北京的宫室建筑。

故宫、北海与天坛……从林徽因的口中娓娓道来，她将现场的使节们与听众带入了从未听过、从未体验过的一个个中国古建筑的恢宏现场。

她的演讲是极其成功的。

转年夏天，身怀六甲的林徽因再次来到双清别墅，以休养受创的身体与心理。梁思成陪着，女儿陪着，母亲也陪着。

美丽的香山与双清别墅张开的双臂热情而亲切地再次拥抱了林徽因，也拥抱了梁思成。他们在郁郁葱葱的树林里与草地上渐渐重新回归当下的时空，他们又重新拥抱了灿烂的阳光与清脆的鸟鸣。林徽因的身体有了很大好转。

香山附近许多的古建筑给林徽因与梁思成提供了又一次机缘，让他们可以将休养身体与工作结合起来。而且，这样的机缘成就的是一对幸福人儿诗意的生活、诗意的日子、诗意的时光，因为，其中蕴含了爱情的滋润与事业、生活的满足。

卧佛寺在香山东面，寿牛山的南麓，始建于唐代贞观年间，元代寺内铸造了一尊巨大的释迦牟尼佛涅槃铜像。这也是卧佛寺得名的由来。二人选择了一个阳光灿烂的日子，选择了一条少有游人经过向北上坡的岔路，一路边走边聊，来到了卧佛寺。

卧佛寺各个大殿的造型与结构都是标准的清代风格，这些对于林徽因和梁思成来说，并不能引起很大的兴趣；但是卧佛寺的建筑布局——左右两条游廊从山门开始贯穿全寺，使得整个寺院像一个长方形——却是唐宋时期十分普遍的，这个于林徽因和梁思成来说，倒是兴趣盎然。

与住持智宽和尚聊天后，林徽因与梁思成知道了寺庙已经与基督教青年会签订合约将大部分殿堂租借了出去，合约 20 年。

智宽指着观音堂前的水池告诉他们，那已成了游泳池；又指着池塘四周的白石栏杆告诉他们，已经被拆下来许多叠在池边做了台阶。

见此情境，梁思成很是痛心："这年头，难道他们不明白保存古物的道理?"

林徽因明白梁思成的心思，便出言开导："其实，这算不得什么稀奇！中世纪的教皇们不是下令拆了古罗马时期的庙宇，用拆下来的石块去修'上帝的房子'吗？这栏杆，也不过是将一些'迷信废物'拿去为上帝尽义务。你所说的'保存文物'，在许多人听来只是迂腐的废话。"

担心梁思成不能完全从古物不存的痛心中走出，林徽因便调皮地说道："按说，还多亏了青年会，让许多年轻人知道了卧佛寺。到夏天，北平的学生们谁不愿意来爬爬山、游游水？这不知成全了多少相爱人儿的心愿。那殿里一睡几百年的释迦牟尼，还能代行月下老人的职责，真乃是佛法无边啊!”

将沉重的话题以俏皮的方式结尾，在彼时的中国恐怕也只有林徽因能做到如此了。梁思成的心情总算是好多了。

杏石口，是去往八大处要经过的一处所在。那里有 3 座石佛龛。

山路弯弯曲曲，到处是弧度极大的转弯，仿佛一个“S”连着一个“S”。林徽因穿着平底皮鞋，梁思成拉着林徽因。两人相携，拾级而上。

梁思成担心地问：“怎么样，没事吧?”

林徽因笑答：“记得读过孙伏园的一篇文章，他说，人毕竟是由动物进化来的，所以各种动物的脾气有时还要发。小孩子爱戏水，是鱼的脾气发作了。过一些时间人就想爬山，是因为猴子的脾气发作了。”

说完，梁思成与林徽因都笑了。青山中回荡着两人的笑声，毫不吝啬，一波接着一波，是荡漾开去的快乐与幸福。

3 座佛龛分别立于南坡与北坡的山崖，俨然天地间 3 位超然的看客，一览众生的喜怒哀乐与沧桑巨变。

看着佛龛上斑驳的字迹，梁思成严谨地推算着：“承安是金章宗年号，承安五年应该是 1200 年。至元九年是元世祖年号，元顺帝的至元到六年就改元了，所以这个至元九年是 1272 年。”

听罢，林徽因感叹：“这小小的佛龛，居然已经在这里经受了 700 多年的风雨。多少人事、多少朝代，都被雨打风吹去。”

小小佛龛，阅尽四野。林徽因这一次的感慨便更是直接将诗人的感性、情怀和建筑无缝衔接了——建筑审美容不得半点势利。那些声名显赫、得到过康熙和乾隆嘉许的景致未必就好；而这些名不见经传、湮没在乱石荒草中的断壁颓垣、残墟遗构，也许才是真正的宝贝。

这一段时间对香山周边古建筑的考察，林徽因在学术上有一个重要的收获，那就是发表在《中国营造学社汇刊》1932 年 11 月第 3 卷第 4 期上的论文《平郊建筑杂录》。林徽因用散文的笔调写道：

在建筑审美者的眼里，都能引起特异的感觉，在“诗意”和“画意”之外，还使他感到一种“建筑意”的愉快……顽石会不会点头，我们不敢有所争辩，那问题怕要牵涉到物理学家，但经过大匠之手泽，年代之磋磨，有些石头的确是会蕴含生气的。天然的材料经人的聪明建造，再受时间的洗礼，成美术与历史地理之和，使它不能不引起赏鉴者一种特殊的性灵的融会，神志的感触，这话或者可以算是说得通。

在严谨的学术文章中，林徽因能够恣意地挥洒着散文的意向，甚至信手发明了“建筑意”这样美的专业术语。这说明，能够在枯燥与乏味中发掘出“建筑意”的林徽因那时真的是一个幸福中的人儿。

诗意的升华永远都不是说诗的本身，它一定指向生活的最本质和心灵的最深处。这个时候的林徽因，尽管遭受了这样那样所谓的打击，但到底是向着心中向往的幸福生活坚定地走着。这一点，毋庸置疑！

因为，1932 年 8 月，林徽因与梁思成的二宝贝出生了。更重要的是，这位二宝贝——梁从诫——实在太优秀了！

人间四月天

母与子的情感是世上最容易理解的，因为它发乎于天然；也是最难理解的，因为它深沉到外人无法企及。对于我们而言，便只要知道子是母的“四月天”，母对子说的话是那爱的赞颂，便足够了。

1932 年 8 月，林徽因与梁思成的儿子出生了。考察了北平附近各处的古建筑，梁思成与林徽因便在构思一篇论文，以向《营造法式》作者李诫致意，也算是加入营造学社后的一份作业。儿子的诞生，让林徽因与梁思成有了向李诫致意的更佳的机会，取名“从诫”也是寄望儿子往后能追随李诫，继承父母志向，成为一代建筑大师。

曾经，在给胡适写的信中，林徽因这样描述过自己：

我的教育是旧的，我变不出什么新的人来，我只要“对得住”人——爹娘、丈夫（一个爱我的人，待我极好的人）、儿子、家族……

诞下梁家长孙对于林徽因来说，对于林徽因对梁思成的那份感情来说，显然是个极好的交代。完全可以想见，林徽因能将这样的喜悦蔓延至生活的每个角落。此时的林徽因是一个中国的传统女性。

1938 年，在写给费慰梅的信中，林徽因谈到了两个孩子：

宝宝（梁再冰）常常带着一副女孩子的娴静的笑，长得越来越漂亮，而小弟是结实而又调皮，长着一对睁得大大的眼睛，他正好是我所期望的男孩子。他真是一个艺术家，能精心地画出一些飞机、高射炮、战车和其他许许多多的军事发明。

这是不多的人们可以见到的林徽因谈到孩子的文字。细细品味，林徽因对于再冰、从诫的情感到底是不一样的。她甚至直接说出了口：“他正好是我所期望的男孩子。”她要将自己的幸福表达出来。

1934 年 1 月，中国营造学社出版了梁思成的《清式营造则例》。书中详述了清代宫式建筑的平面布局、斗栱形制、大木构架、台基墙壁、屋顶、装修、彩画等的做法及其构件名称、权衡和功用，配以 28 幅现代工程绘图、83 幅实物照片。这本书是梁思成自 1928 年回国以来经过五六年艰苦的各处考察和文献搜集著作而成。这本书的前期准备过程，与林徽因、梁思成自结婚至有儿女的完整家庭生活历程同步。林徽因抚摸着这本书，父亲梁任公的去世、梁思成沈阳北平两地奔波、自己身怀六甲与梁思成一起为父亲设计墓碑、自己肺病缠身不得不去香山两次休养、儿子从诫的出生……往事历历在目，令她百感交集。

林徽因的激动还在于梁思成的事业终有所成。此刻，他实在可以称为事业家庭双丰收了。

这样的幸福怎能不表达出来。林徽因在寻找着一个恰当的机会和喷发口。

1933 年，林徽因经常参加朱光潜、梁宗岱举办的文化沙龙，朗诵中外诗歌、散文。这年的秋天，林徽因与闻一多、余上沅、杨振声、叶公超等筹备创办《学文》。

这个机会终于来了。

1934 年 4 月 5 日，《学文》的一卷一期上发表了林徽因的《你是人间的四月天》。

此时的从诫只有一岁多。

粉嫩的幼子当然是四月的天，只有四月的天才足以与这样的生命相匹配。四月的天里有柔柔的风和细细的雨；四月的天里百花的鲜妍与夜夜的清风肆无忌惮；四月的天里人们才能亲身感受那柳梢头的嫩黄向着翠绿的转变；四月的天里燕儿便会施展浓浓的爱意于百姓家的梁间。对于幼子的喜爱是那么的浓烈，又是那么的含蓄；是那么的喷薄欲出，又是那么的犹抱琵琶。人们感受到了一位母亲对儿子的爱，也感受到了一位母亲的生活是多么的幸福。

也有人说，这首诗不是写给林徽因的儿子从诫的。

梁从诫晚年在《倏忽人间四月天——回忆我的母亲林徽因》一文中说："父亲曾告诉我，《你是人间的四月天》是母亲在我出生后的喜悦中为我而作的，但母亲自己从未对我说起过这件事。"

没错，这是林徽因写给儿子的。现在，越来越多的学者都相信了这一点。有人仍然质疑，既然是写给儿子的，林徽因为什么不说出来。也许，一为林徽因的严谨，建筑学要求它的研究者具有严谨的学术态度，不说出来，是对孩子的保护；二为林徽因的求学背景，林徽因从小便接受了西方的所谓“男女平等”的教育，显然是受到了影响，不说出来，是她的求学背景使然。

七八十年后，一部名为《人间四月天》的电视剧热播。不知什么原因，编剧将这首诗说成是林徽因写给徐志摩的。虽然迎合了一部分人对于浪漫康桥爱情的遐想与憧憬，却也激怒了梁从诫。2004 年北京大学校庆，与同学说起此事，梁从诫很是愤慨，说此剧对林徽因的表述有很多歪曲和捏造之处。

好在，现在的我们还可以以情感为出发点去加深印象。

2009 年，一位年轻的学者拜访梁从诫。那时的梁从诫已经是一位身患阿尔茨海默症多年的病人，记忆的阀门早已关闭多时。为了与梁从诫有实质的交流，年轻的学者问东问西，得到的却只是老人的木讷与沉默。

年轻的学者并不死心，想到了一个绝好的办法。“梁先生，我来为你朗诵一首诗吧。”于是，年轻人便轻轻地朗诵着：“我说你是人间的四月天；笑响点亮了四面风；轻灵在春的光艳中交舞着变。你是四月早天里的云烟……”老人静静地听着，神情极其专注认真，面带微笑，沉醉其间。朗诵完，年轻人问：“您还记得这首诗吗?”沉默良久，老人突然“指着墙上挂着的他的母亲林徽因的画像说：‘我记得这首诗，是我母亲送给我的。’”

年轻学者不禁感叹：“在画像中林徽因温柔的目光的注视下，梁先生纯真得像个孩子，眼中饱含对母亲的眷念。”

一生挚爱，一生等待

有人说，衡量一个女性的魅力，就要看她身边男性的质量。那么，林徽因必定是个风姿绰约，魅力超凡的女性了。丈夫梁思成是一位建筑学家，爱她的徐志摩是远近闻名的诗人，还有一位一直与林徽因联系在一起的优秀男人金岳霖。

很多年前的清华大学清华园有几位著名的人物，其中“清华三荪”中有个哲学家叫金龙荪的，就是金岳霖，大家习惯称他老金。

“她终于写成了，她终于写成了!”

已经88岁高龄，身染沉疴多年的金岳霖，拿着来访的福州学者递过来的用毛笔大楷抄写的林徽因诗稿，一篇一篇翻看着，看到《八月的忧愁》里“黄水塘的白鸭”一句，竟发出了异乎寻常的惊叫。继而，更加稀奇的是，多年不能高声说话的金岳霖竟抑扬顿挫地读起了《八月的忧愁》。

学者递过去一张泛黄的32开的林徽因的大照片，这位新中国哲学与逻辑学的开山鼻祖凝视着，凝视着，复杂的情绪让他的嘴角居然渐渐地向下弯，喉头也微微地颤抖着，像是要哭出来一样。

但是，老人始终一言不发，他也不愿放手。许久，老人才缓缓抬起头来，用乞求的眼神求情似的望向两位学者："给我吧！"因照片是从林徽因在上海的堂妹处借来的，实在不能轻易送出。即使有了两位学者郑重的承诺——翻拍了，一定送一张过来，老人仍是不放心，再三拱手，郑重恳求："那好，那好，那我先向你们道个谢！"

1895 年出生的金岳霖长梁思成 6 岁，长林徽因 9 岁，1914 年清华大学毕业后留学英美。刚到美国的时候，他读的是商科，后来在哥伦比亚大学改读政治学。在欧洲游学期间，他听到一群人在激烈的辩论，突然茅塞顿开，由政治学转攻逻辑学，并将之作为自己终生的事业。张申府曾说："如果中国有一个哲学界，那么金岳霖当是哲学界之第一人。"

1931 年到 1937 年，金岳霖与梁思成、林徽因同住在北总布胡同 3 号的四合院。林徽因与梁思成住前面的大院，金岳霖住后面的小院，"前后院都单门独户"。那时，每个星期六下午，林徽因、梁思成与朋友们总会聚在一起，大都在单身的金岳霖家中，只是偶尔在"太太的客厅"。

金岳霖把最大的南屋当作客厅，客厅的南面放着一圈沙发。为着朋友们来访，金岳霖甚至每次都吩咐厨师按各人的口味冲咖啡。朋友们便将金岳霖的住处按照他的籍贯笑称为"湖南饭点"。

常来参加聚会的有清华大学政治学教授张奚若、哲学教授邓淑存、经济学教授陈岱孙、国际政治专家钱端升、社会研究所所长陶孟和、考古研究所所长李济、北京大学教授兼作家沈从文、清华北大英文系教授叶公超，还有徐志摩，以及一些女眷——沈从文夫人张兆和、张奚若夫人杨景任和陶孟和夫人沈性仁。

这个群体的成员大都是优秀的知识分子，多出身于士绅之家。他们的交流是随意的：偶有争论，却总是平和的、快乐的。

而谈及其中的女眷，金岳霖曾有过十分精彩的言论。

杨景任虽毕业于苏格兰大学，却更像全职太太。金岳霖谈及她时说："要看她这一方面的性格，最好是听她同宵叔玉太太的谈话。两人都争分夺秒地谈，由赵钱孙李到黄焖鸡到红烧肉。"

沈性仁，是一个"入山唯恐不深，离市唯恐不远"，却又对朋友肝胆相照的人。谈及她时，金岳霖说："离开朋友的关系去找她本人究竟是如何的人，她的愿望要求等究竟如何，你只会感觉到一阵清风了无牵挂；可是如果你在朋友关系中去观察她，她那温和诚挚的个性都显明地表示出来。她似乎是以佛家的居心过儒家的生活，此所以她一方面入山唯恐不深，另一方面又陷入朋友的喜怒哀乐柴米油盐的生活之中……"

一次聚会，当谈及王国维的自杀时说起了梁巨川的自杀，徐志摩与陶孟和展开了争论。陶孟和一向谦和持重，这次却毫不掩饰地表明了态度——坚决反对他们的自杀行为；徐志摩正相反——高度评价他们的以身殉道。

陶孟和批驳徐志摩："志摩，不管你对于自杀有什么深奥的见解，我还是认为自杀并不是挽救世道人心的手段。我申明，我所不赞成消极的自杀，而不是一个奋斗的殉道者的光荣的死。假使一个人为了信仰被世人杀死，那是我所钦佩的。假使一个人因为自己的信仰不为世人所信从，竟自己将自己的生命断送，这是一种消极的行为。所谓'杀身成仁'，绝不是凡杀身皆能成仁，更不是要成仁必须杀身。"

徐志摩也针锋相对："我们讨论一个问题，首先要弄清楚前提。这里的前提是，我们尊重的不是巨川先生和观堂先生自杀行为的本身，而是他们通过自杀所表现的那种精神。一个国家，一个民族，往往在最无耻的时代里诞生出一两个最知耻的个人。例如宋末有文天祥，明末有黄梨洲，他们的名字就有永久的象征的意义。他们的死为民族争得了人之所以为人的精神。我想，巨川先生和观堂先生是实在看不过现今流行的不要脸主义，他们或者不能改变什么，决意牺牲自己的生命，给这时代一个警告，一个抗议。"

于是，陶孟和便说，"反对自杀并非就是爱惜生命而不爱惜主义和理想"，并以此引申出结论——"救世或醒世是没有捷径的，只有持久不懈的努力"。

而徐志摩更是颇有煽动性地阐述了自己的结论——"在信仰精神生命的痴人看来，只要还有寸土可守，就绝不能让实利主义压倒人的性灵的变现，更不能容忍时代的迷信——在中世纪是宗教，在现代是科学——淹没了宇宙间永恒的价值。"

林徽因被徐志摩的激情感染，忍不住鼓掌附和，而金岳霖则更欣赏陶孟和的"绅士风度"，因此更倾向于陶孟和。所以当林徽因鼓掌时，金岳霖不禁微微皱眉，轻声用德语说："偷换概念，逻辑不清！"

察觉后的徐志摩则毫不客气地打趣金岳霖："有一天，我和一个朋友坐在洋车上，无意中说起了洋话。想不到惹恼了拉车的那位，他回过头来说：'先生，你们说的是什么话呀？我怎么一句也听不懂啊！'这会儿，我也很想对哲学家（指金岳霖）这样说话。"

尽管这样“激烈”的争论屡有发生，尽管大家难免会对某个问题产生分歧而自然形成了两个“帮派”，却仍然没有改变朋友们在一起的轻松与快乐。过后，每个星期六，大家还是照常聚在一起，照常寻找话题，照常争论。

在这样的气氛中，哲学家金岳霖的绅士与理性渐渐地博得了林徽因的信任和欣赏。金岳霖对林徽因的才华也是赞美至极，呵护备至。

再渐渐地，林徽因竟然也发现自己对金岳霖产生了依恋。她没有隐瞒梁思成。一天，梁思成从宝坻调查回来，林徽因哭丧着脸对梁思成说：“我苦恼极了，因为我同时爱上了两个人，不知道怎么办才好？”说得那么诚恳，就如学妹向学长请教专业上的疑惑一般。只是，这样的问题让梁思成如何作答？

电光火石间，这种所谓的“苦恼”转成了梁思成情感的代名词。他一夜辗转无眠。其他的作品也有记载：“我想了一夜，我问自己，林徽因到底和我生活幸福，还是和老金一起幸福？我把自己、老金、林徽因 3 个人反复放在天平上衡量……”次日，经过深思熟虑的梁思成对林徽因说：“你是自由的，如果你选择了老金，我祝愿你们永远幸福。”

对于此时的梁思成而言，诸如林徽因是何时爱上金岳霖的，爱上金岳霖的哪些好一概不重要了。重要的是，如何给自己爱的女人幸福，纵然是以牺牲自己的幸福为代价。

林徽因又老老实实地将梁思成的话原原本本地说给金岳霖听。听完后，金岳霖说出了更为坦率的话——“看来梁思成是真正爱你的。我不能去伤害一个真正爱你的人。我应该退出。”

“不能伤害一个真正爱你的人。”言犹在耳！金岳霖对林徽因的爱不比梁思成的差。

林徽因是幸福的。她得到了两个最优秀的男人真心的毫无杂质的爱，更重要的是，这两份爱都是不自我的。

林徽因与梁思成的爱情有惊无险地度过了这一生中最危险的一次劫难。劫难后，生活还是生活，它终究还是真实而又幸福地生活，还像往常一样，一样的幸福。

甚至，更幸福了。

金岳霖一生一直陪伴在林徽因与梁思成左右，成为他们的亲密朋友。为了不僭越生活的轨距，哲学家在《梁思成林徽因是我最亲密的朋友》一文中竟“违反人伦”地将爱与喜欢强行做了定义——“爱与喜欢是两种不同的感情或感觉。这二者经常是统一的。不统一的时候也不少，有人说可能还非常之多。爱说的是，父母、夫妇、姐妹、兄弟之间比较自然的感情……喜欢说的是朋友之间的喜悦，它是朋友之间的感情。”这位伟大的哲学家终究是胡言乱语了一回。

当着两位学者的面，翻看着林徽因的诗集，沉浸在回忆中的金岳霖缓缓地诉说着对林徽因的印象：“林徽因啊，这个人很特别，我常常不知道她在想什么。好多次她在急，好像作诗她没作出来。有句诗叫什么，噢，好像叫‘黄水塘的白鸭’，大概后来诗没作成……”

仔细揣摩着老人的回忆，我们似乎可以跨越时空再回到当年，看着金岳霖时时处处地赞美林徽因、呵护林徽因。那种场景，让人唏嘘不已。

你若安好，便是晴天

几天后，两位学者再次来访。在里屋的金岳霖刚听见他们与保姆阿姨的对话，便大声以福州方言说道："福州人！"金岳霖本不是福州人，林徽因是福州人。近 90 岁高龄、身染沉疴的金岳霖竟然有此反应，实在令人惊讶。

1983 年年底，两位学者第三次来访时，将编纂好的林徽因诗文样本拿来给金岳霖审阅。倚坐在大沙发里的金岳霖每挪动一下都会痛苦地皱一下眉头，实在令人不忍直视。但是，当接过两位学者递过来的专门为他翻拍的一张林徽因大照时，他"凝视着，脸上的皱纹顿时舒展开了，喃喃自语：'这个太好了！这个太好了！'"

金岳霖与林徽因和梁思成的关系是很好的。他在《梁思成林徽因是我最亲密的朋友》中不无幽默地写道："在 30 年代，一天早晨，我正在书房研究，忽然听见天空中男低音声音叫'老金'，赶快跑出院子去看，梁思成夫妇都在他们正房的屋顶上。我早知道梁思成是'梁上君子'。可是，看见他们在不太结实的屋顶上，总觉得不妥当。我说你们替我赶快下来，他们大笑了一阵，不久也就下来了。”

那时候，他与他们相处得极为融洽，甚至在“退出”后，梁思成也会因为与林徽因拌嘴而去找他评评理。这样的局面实在是难得。它让我们相信，梁思成没有将金岳霖对林徽因的情感当作不可面对的障碍；也让我们相信金岳霖足够努力，他做到了让梁思成与林徽因尽量地按照生活的原来轨迹向前方延伸。其间，毫无疑问的是逻辑学家的理性起了大作用。

对于梁思成与林徽因以及他们的婚姻，金岳霖极尽“客观”地对他人评论道：“林徽因、梁思成早就认识，他们是两小无猜，两小无猜啊。两家又是世交，连政治上也算世交。两人的父亲都是研究系的……比较起来，林徽因思想活跃，主意多，但构思画图，梁思成是高手，他画线，不看尺度，一分一毫不差，林徽因没那本事。他们俩的结合，结合得好，这也是不容易的啊！”这是在一次谈到“老朋友”徐志摩时顺便提及的。那时，他已退出了。

有不甘，有羡慕，也有“醋味”；不过，他仍旧理智地分析了林徽因与梁思成的般配是天成的。他对她有祝福——“结合得好，这也是不容易的啊！”尽管这话让旁人听起来不免有些小青年般的不服不忿的腔调，但终究是放心地去祝福了。

好在还有一位同道中人，未能成功的自己也算聊以自慰了。甚至，他还会偶尔拿这位“朋友”打打趣——“徐志摩总是跟着要钻进去，钻也没用！徐志摩不知趣，我很可惜徐志摩这个朋友……徐志摩是我的老朋友，但我总感到他油滑，油油油，滑滑滑——”怕被误会，赶忙又补充说明了一句：“当然不是说他滑头。”

既然自己已经退出了，对于可能打扰到林徽因正常生活的潜在因素，金岳霖倒也表现出了舍我其谁，大义凛然地表现出绿林好汉风范。

林徽因的去世，于金岳霖而言，是很悲哀的。

在从林徽因家乡福州再次来访的两位学者面前，金岳霖谈起了追悼会："追悼会是在贤良寺开的，我很悲哀，我的眼泪没有停过……"这是28年后的回忆，但从金岳霖的嘴里说出来却让人仍有身临其境的感觉，完全没有障碍地走入这位哲学老人的内心。

一个很多人都知道的故事。林徽因去世一年后的一天，1956年6月10日，金岳霖郑重其事地将一些好友邀请到北京饭店。等大家都坐定后都大惑不解。开席前，金岳霖面对众人，朗声说道："今天是林徽因的生日！"举座唏嘘不已。

在哲学家的内心，一直怀念着林徽因，从未忘记。这位哲学家、逻辑学家的内心对林徽因的情感，在此刻让众人一览无余。只是，他对林徽因的情感却一生也无法宣之于口。

看着衰老的金岳霖体力渐已不支，一位学者趁机凑近他的耳边，询问是否能为即将出版的林徽因诗集写篇东西。然而，时间好像一下子停止了，金岳霖以一种静止的姿态回应着学者的提议。终于，时光似乎又恢复到了现下，一声"滴答"后，金岳霖缓缓却清晰地说出了这一生他要世人知道的他对林徽因的表白："我所有的话，都应该同她自己说，我不能说，我没有机会同她自己说的话，我不愿意说，也不愿意有这种话。"之后，他便一言不发。即使是身后，他仍在尽全力去保护林徽因，去维护林徽因的清誉。

林徽因在的时候，他与她、梁思成住在一起，追随了她一生。甚至，他总与他们一起照相。现在流传于世的那些照片中，人们总能发现金岳霖与林徽因、梁思成一家的合影。却不知是因为年代久远抑或因为还有其他人也在，并未让人感觉突兀，反而是那么和谐。

没有了林徽因，他仍寻觅着林徽因的余味。爱屋及乌，这样子的人类本能于金岳霖亦是不能免俗。梁再冰与梁从诫姐弟与金岳霖亦是甚为熟悉、亲近。

曾有人远远地望见金岳霖带着两个孩子在街头数着柱子，从这个柱子到那个柱子，甚是投入，甚是自然，甚是快乐。正疑惑着，细看下来，发现两个孩子正是林徽因的女儿梁再冰与儿子梁从诫。上一代人的亲近，也自然而然地沿袭到了下一代人。

没有了林徽因，金岳霖却从自己的情感经历中提炼出了精华，并将它应用到了实践中。这倒也是极好的排解。

金岳霖有一个学生，遭遇了情感打击，意欲轻生。金岳霖得知后，便多次亲自到学生家中，不厌其烦地开导："恋爱只是一个过程，恋爱的结局，结婚或不结婚，只是恋爱过程中的一个阶段，恋爱的幸福与否，应从恋爱的全过程来看，而不应仅仅从恋爱的结局来衡量。"没有人会怀疑，金岳霖是在说自己。自然的，效果也是非常好的：那个学生终于走出了情感的困境，重新面对生活。

1972 年，梁思成终于未能熬过"文化大革命"的摧残，撒手人寰。1974 年，拗不过金岳霖的"纠缠"，亦是不忍一位老人长期不能"接触社会"、没人同他一桌吃饭，梁从诫带着全家搬到了东城干面胡同与金岳霖同住。甚至，梁从诫与夫人也一直亲切地呼唤金岳霖为“金爸”。这一声，在来访学者听来，亦是惊讶不已，继而学者发出感慨：“梁家后人以尊父之礼相待，难怪他不时显出一种欣慰的神情。”

一切源于林徽因，一切终于时间；一切发于感性，一切止于理性。

金岳霖对林徽因的好，我们万万没有非议的权利；我们只有一种权利，那便是深深地感叹一声——你若安好，便是晴天！

最心痛的是红颜

有人说，徐志摩的死是因为林徽因，若不是赶着去听她的讲座，给她捧场，何来如此下场？也有人说，徐志摩的死是因为陆小曼，要不是临走前和陆小曼有过争吵，也许就不会有后面的悲剧。

陆小曼挥霍惯了，每月都需有大笔开支。为此，徐志摩在北平两所大学任课，月薪大约 600 元。即使这样，仍是捉襟见肘。为了挣钱，徐志摩只得终日疲于奔命，不仅伤了身体，渐渐地也与一些朋友疏远了。那一年的年初，徐志摩的母亲去世。父亲因为徐志摩抛妻弃子，仍然态度坚决，拒绝认可陆小曼这个儿媳，也不让她为母亲守孝，却让张幼仪以女儿的身份参与祭奠。父亲的固执、陆小曼的哭闹，所有这些，都让徐志摩饱受折磨，精神与身体更是每况愈下。

1931 年夏天，梁思成与林徽因携母亲与孩子去香山避暑。第二天，住在胡适家的徐志摩心神不宁，总觉得陆小曼是不是因为自己催她来北平又不高兴了，要不然怎么好几日没有来信了？

心乱如麻的徐志摩习惯性地摊开了信纸，想起了林徽因一家大约已经到香山安顿妥当了，便提笔写下了“你去”这个题目。未几，一首新体诗《你去》跃然纸上。

你去，我也走，我们在此分手；
你上那一条大路，你放心走，
你看那街灯一直亮到天边，
你只消跟从这光明的直线！
你先走，我站在此地望着你，
放轻些脚步，别叫灰土扬起，
我要认清你远去的身影，
直到距离使我认你不分明。
再不然我就叫响你的名字，
不断的提醒你，有我在这里，
为消解荒街与深晚的荒凉，
目送你归去……
不，我自有主张，
你不必为我忧虑；你走大路，
我进这条小巷，你看那棵树，
高抵着天，我走到那边转弯，
再过去是一片荒野的凌乱：
有深潭，有浅洼，半亮着止水，
在夜芒中像是纷披的眼泪；

有石块，有钩刺胫踝的蔓草，
在守候过路人疏神时绊倒！
但你不必焦心，我有的是胆，
凶险的途程不能使我心寒。
等你走远，我就大步向前，
这荒野有的是夜露的清鲜；
也不愁愁云深裹，但求风动，
云海里便波涌星斗的流汞；
更何况永远照彻我的心底；
有那颗不夜的明珠，我爱——你！

“你去”的是康庄大道，那是徐志摩的祝福；“我”将走我自己选择的路，你不必担心，那是徐志摩的安慰。祝福是真的祝福，安慰也是真的必要。

晚上停电，徐志摩秉烛给林徽因写了封信。第二天，信连同诗一起寄出，他要尽快让林徽因看见。信是唯一保留下来的二人之间的联系方式。徐志摩在信中告诉林徽因这首诗被老金赞为：“It is one of your very best.”（这是你最好的诗作之一）可自己却又不自信，因此“抄了去请教女诗人，敬求指正”。信中对梁思成、宝宝（梁再冰）与林徽因母亲都有问候。末尾，他还格外表达了对“你家矮墙上的艳阳”的牵记，更表达了对“山中人‘神仙生活’”和身体健康的祝福。

11月10日，英国的柏雷博士来访。下午，梁思成与林徽因赶往清华大学参加欢迎柏雷博士的茶会。柏雷博士是英国女诗人曼殊斐儿的姐夫。徐志摩一直在精神上爱恋并仰慕曼殊斐儿，所以他也参加了这个茶会。

茶会结束后，徐志摩告诉林徽因与梁思成，这几天要回一趟上海，因为要去探望一位从美国回来的宾夕法尼亚大学的同学。之后，他们便匆匆分手。

晚上回到家，听差老王说："徐先生晚上来过，在客厅里等了好大一会儿，才刚走一会儿。"果然，他们在桌上发现了徐志摩的留言："定明早六时飞行，此去存亡不卜……"

为了省钱，徐志摩早早地便寻下了一条关系，可以免费搭乘邮政飞机，只是时间上不自由。看到留言的林徽因心中突然一阵不安，随即拨通了徐志摩的电话。

"我和梁思成觉得乘坐飞机到底有些让人不放心，不如还是坐火车吧！"林徽因小心翼翼地说。

"你们放心，飞机是很稳当的，我还要留着生命看更伟大的事迹呢，哪能便死！"徐志摩的语气很轻松。

许是感觉自己太过敏感，又不太适当，林徽因赶紧说："干吗开口闭口死呀活呀的，小曼身体不好，你这次回上海就多住些日子吧。"

"不行啊，我这边还有课，顶多一个礼拜就回来了。"

"下个礼拜我也有课，要在协和礼堂给外国使节们讲中国的建筑。"

徐志摩突然兴奋起来，急切地问道："下个礼拜儿？十几号？"

"定在19号晚上，是下个星期三吧。"

"我19号已经回来了，到时候给你捧场去。"这对于徐志摩来说，义不容辞。

话到这，自然不需要再说什么了。一切又回归了正常。

眨眼间，19号到了。这是林徽因要给外国使节们讲课的日子，也是徐志摩说好的履约的日子。

当日中午，林徽因与梁思成接到了徐志摩发来的电报："下午3点抵南苑机场，请派车接。"那是徐志摩从南京登机前发出的。下午，天气阴沉，梁思成开车去了机场，但是机场没有几架飞机。梁思成也没有接到徐志摩。

晚上，协和礼堂是属于林徽因一个人的。当初，这个小礼堂是她与徐志摩两个人的，他们两个人就是在这里为泰戈尔表演的话剧。晚上，林徽因用流利的标准的牛津英语为各国使节们讲了一堂精彩的名为"中国的宫室建筑艺术"的中国建筑知识普及课。演讲结束后，人们纷纷走上前向林徽因表达感谢与祝贺。此时的林徽因却已经迅速地将自己的心思转向了"徐志摩为什么失约，梁思成为什么没接到徐志摩，飞机不会有什么事吧……"礼节性地回礼后，心神不宁的林徽因便匆匆赶回了家。

一进家门，她便问道："思成，志摩没有消息吗？"

上天似乎在垂降灾难之前总会给人以暗示。此时的林徽因与梁思成都想起了那4个字，志摩留言条的最后4个字——存亡不卜。

林徽因想起了徐志摩的《想飞》——“天上那一点子黑的已经迫近在我的头顶，形成了一架鸟形的机器，忽的机沿一侧，一球光直往下注，砰的一声作响，——炸碎了我在飞行中的幻想，青天里平添了几堆破碎的浮云。”她也想起了不久前徐志摩与陶孟和关于自杀与道义的争论——徐志摩尊重巨川先生和观堂先生自杀行为表现出来的精神，因而对他们的自杀持道义与情感上的支持态度。

那一晚，林徽因辗转反侧，难以入眠。她在心里默默祈祷，努力驱散着一直在脑海中盘旋的“一语成谶”。她告诉自己，一切都是自己太敏感，明天一切都会好的。

第二天，《晨报》最醒目的位置一则名为“济南十九日电”的通讯，所有读报的人都看到了。林徽因、梁思成、胡适、张奚若、金岳霖、孙大雨、钱端升、张慰慈、饶孟侃，所有京城文化界名人都看到了。他们不约而同地聚在了胡适家中。他们不愿相信“乘客司机均烧死”，他们怎么也不愿相信他们的好友真的就这样离去了。

一大早，胡适便出门打探消息去了。除了等待，别无他法，大家脸上没有了往日轻松的微笑，林徽因和大家一样，眉头紧蹙，心里的不安全部呈现在脸上。

终于，胡适带着消息回来了，一个大家最不愿意听到的消息——南京方面证实，出事的正是徐志摩所搭乘的“济南号”。

霎时，林徽因顿觉天旋地转……

昨天晚上的胡思乱想竟成了最真实的谶语。窗外的报纸叫卖声“诗人徐志摩惨祸……”与那该死的谶语成了天底下最具讽刺的一唱一和！

这时，最需要的是另一种声音，一种沉入历史空间与时间的属于美好的声音。于是，《再别康桥》一遍又一遍地开始在林徽因的脑海中旋转起来，越来越清晰，越来越清晰！

轻轻地他走了，正如他轻轻地来。他向那不远处深情地望着，向康桥上的少女林徽因招手。夕阳中，那美丽的少女身着浅粉色的对襟开衫，冲着西边的天空，在湖水的倒映下，灿烂的笑容和着河畔的金柳与波光中的艳影，随着岸上的柔风招摇。少年男子撑起一支长篙，撷取满天星，趁着夜色中康桥的沉默，悄悄地走了。他没有带走一片云彩，留下的，是亲人的思念与情人的怀念。

徐志摩已离去。生者需要做的，就是将悲哀与离思寄托于挽联、挽诗、祭文与亲手制作的花圈。林徽因与梁思成连夜做了一只铁制的希腊风格的小花圈，四周环绕着铁树叶，间或点缀着白色的花，中间镶嵌着一张徐志摩的照片。将它摆放到灵堂时，小花圈的叶上、花上留存着前一天连夜制作时的泪迹，那是林徽因与梁思成滴下的。

徐志摩的离婚与再婚是遭人诟病的两件事。胡适说了一段公允的话——“谁都能明白，至少在志摩的方面，这两件事最可以代表志摩的单纯对理想的追求。他万分诚恳地相信那两件事都是他实现他那‘美与爱与自由’的人生的正当步骤。这两件事的结果，在别人看来，似乎都不曾能够实现志摩的理想生活。但到了今日，我们还忍用成败来议论他吗?”人生就是这么巧，这两次对单纯的理想的追求，都与林徽因有关。

悲痛的林徽因在几天后的《晨报》发表了《悼志摩》。

现在那不能否认的事实，仍然无情地挡住我们前面。任凭我们多苦楚的哀悼他的惨死，多迫切的希冀能够仍然接触到他原来的音容，事实是不会为体贴我们这悲念而有些须更改；而他也再不会为不忍我们这伤悼而有些须活动的可能！这难堪的永远静寂和消沉便是死的最残酷处。

……

我不敢再往下写，志摩若是有灵听到比他年轻许多的一个小朋友拿着老声老气的语调谈到他的为人不觉得不快么？这里我又来个极难堪的回忆，那一年他在这同一个的报纸上写了那篇伤我父亲惨故的文章，这梦幻似的人生转了几个弯，曾几何时，却轮到我在这风紧夜深里握吊他惨变。这是什么人生？什么风涛？什么道路？志摩，你这最后的解脱未始不是幸福，不是聪明，我该当羡慕你才是。

和林徽因同样悲伤的还有一个女人。陆小曼怎么也没想到，昨天还在和自己吵架的人，今天竟然离开了她，《哭摩》是对徐志摩的悼念，也是自己的忏悔：

我深信世界上怕没有可以描写得出我现在心中如何悲痛的一

支笔。不要说我自己这支轻易也不能动的一支。可是除此我更无可以泄我满怀伤怨的心的机会了，我希望摩的灵魂也来帮我一帮。苍天给我这一霹雳直打得我满身麻木得连哭都哭不出，混身只是一阵阵的麻木。几日的昏沉直到今天才醒过来，知道你是真的与我永别了。摩！慢说是你，就怕是苍天也不能知道我现在心中是如何的疼痛，如何的悲伤！从前听人说起“心痛”我老笑他们虚伪，我想人的心怎会觉得痛，这不过说说好听而已，谁知道我今天才真的尝着这一阵阵心中绞痛似的味儿了，你知道么？曾记得当初我只要稍有不适即有你声声的在旁慰问了。摩，你是不是真的忍心永远的抛弃我了么？你从前不是说你是最后的呼吸也须要连在一起才不负你我相爱之情么？你为什么不早些告诉你是要飞去呢？直到如今我还是不信你真的是飞了，我还是在这儿天天盼望着你回来陪我呢，你快点将未了的事情办一下，来同我一同到云外去优游去吧，你不要一个人在外逍遥，忘记了闺中还有我等着呢？

……

事到如今我一些也不怨，怨谁好？恨谁好？你我五年的相聚只是幻影，不怪你忍心去，只怪我无福留，我是太薄命了，十年来受尽千般的精神痛苦，万样的心灵摧残，只将我这一颗心打得破碎得不可收拾？到今天才真变了死灰的了也再不会发出怎样的光彩了。好在人生是最可怕的死别。不死也不免是朵憔萎的花瓣再见不着阳光晒也不见甘露漫了。从此我再不能知道世间有我的笑声了。

……

也许最爱徐志摩的那个，不是陪在他身边的那个，也不是他炽烈追求过的那个，是那个他曾经狠心抛弃的张幼仪。得知徐志摩的死讯后，这个不善于动笔的女人，赶去为徐志摩料理了后事。

康桥静静地屹立在那儿，可惜，当年康桥上的那对人儿已经天人永隔了。几年前，徐志摩写下了《再别康桥》，几年后，正如诗中所写一般，悄悄的他走了，正如他悄悄的来；他挥一挥衣袖，不带走一片云彩。

他悄悄地走了，却敲碎了 3 个红颜的心。林徽因让赶到现场的梁思成取回一块飞机的残骸，将这块残骸挂在自己的卧室，以此表达对徐志摩永久的怀念。陆小曼从此结束了自己挥霍无度的生活，深居简出，简衣素食，整理徐志摩的书稿，与从前判若两人。而被他抛弃了的张幼仪，虽然没有说一句话，却也是独自生活了 30 年。

第六章　情系山河

战乱年代，无论你多么想要安稳，都免不了颠沛流离的奔走。是谁说的，人生定要起伏有致方可平安，太过顺畅反而不得长久。人在漂泊的时候，任何落脚之处都是人生的驿站。许多时候，我们无力填平人生的沟渠，到底怎样才能不怕伤痛，求得一时平稳。

石窟与塔的旋律

事业已经走上了正轨，生活也开始以平稳的节奏稳稳地前行，哒哒哒哒，清脆作响。一路上，林徽因与梁思成相携不离，同辛苦、共欢乐。

1932 年初，已经在牛津大学开始东亚研究博士攻读的约翰·金·费尔班科（John King Fairbank）来到北平。他一边学习汉语，一边师从清华大学蒋廷黻研究清朝政府与西方各国的外交历史。威玛·丹奴·凯诺（Wilma Denio Cannon），1932 年独自一人来到北平与约翰·金·费尔班科结婚，便成了威玛·丹奴·费尔班科（Wilma Canon Fairbank）。约翰·金·费尔班科后来起了一个中国名字（梁思成为他取的），叫费正清，即美国“头号中国通”。他的太太威玛·丹奴·费尔班科也得到了一个中国名字，也是梁思成给取的，叫费慰梅。

他们之间互相认识便是自然而然的事情了。

不久，二宝贝“小弟”出生了。梁思成也开始了对华北一带古建筑的考察。不能一同前往的林徽因便独自带着大宝贝“宝宝”和二宝贝“小弟”，井井有条地打理着家中的各项事务，为梁思成免去后顾之忧。闲暇时，费太太来访，林徽因与费太太便在起居室坐下，一杯茶或一杯咖啡足以打发许多时光。

她们一直用英语进行交流，话题也颇为丰富——“有时分析和比较中国和美国的不同价值观和生活方式”；还有“文学、意识和冒险方面的许多共同兴趣”；她们也把“关于对方不认识的朋友的追忆告诉对方”。她们的交往是愉快的。

在那一段时间，费太太的来访给了林徽因体验生活丰富多彩的契机，也帮助林徽因从琐碎的家务与身体的虚弱中整理出心情，以音乐与绘画来充实心灵。《平郊建筑杂录》便是在这一年写成的。这样的生活圆舞曲便越来越华丽和丰满，让人徒有艳羡之心不忍打扰。

转年夏末。这一次，梁思成决定去山西考察云冈石窟。看着梁思成整日忙于到处考察古建筑，林徽因怎能坐视，她对中国古建筑满腔的热忱和梁思成一样，这一年来无处释放；而且，她要与梁思成并肩，要照顾梁思成在外杂乱的生活。思虑再三，林徽因与梁思成商量，决定一同前往山西。只是他们还要面对一个情感的坎——3 岁的咿咿呀呀学语的“小弟”与好奇心日盛的“宝宝”实在无人照看。好在有母亲与仆人，使她能从繁杂的家务中抽出身来。因此，林徽因投入了繁杂的前期准备。

他们一起跑图书馆查阅地方志以及其他一些书籍中关于建筑的文字，制定考察目标与行程。为了保证考察人员的人身安全，也为了对古建筑有所保护，需要与当地政府或军阀打招呼，好在这些由朱启钤先生代劳。他们还得准备好必需的测量工具、照相机和攀爬工具，还有行军床、吊床、罐头食品等一切琐碎的东西。

梁思成决定去云冈石窟后，再去一趟应县，看看应县木塔。他实在不放心，也不知杜苔是否还在，或者只是一个明清时期仿建的赝品。没头没脑地，他突然对林徽因说：“到应县去不应该太难走吧，听说山西修有很好的汽车路……如果能测绘那应县塔，我想，我就……”话没说完，笑意已经浮现在林徽因的脸上。林徽因知道，梁思成在担心什么。

出发前的一天，林徽因从门房取了一封来自山西省应县白云斋照相馆的牛皮纸做的信。打开来看，竟是一张应县木塔的照片！梁思成兴奋得像个孩子，他告诉林徽因，之前他寄过一封信去应县，封皮上写着“探投：山西应县最高等照相馆”，没想到竟收到了回信。看着照片，梁思成兀自说道：“太幸运了，八九百年的木塔居然还这么完好！”看着梁思成的痴魔状，林徽因打趣道：“阿弥陀佛，幸亏你着迷的不是电影明星！”

9月的初秋，天气晴朗，秋高气爽，正是出外考察的好日子。林徽因与梁思成，还有营造学社的刘敦桢、莫宗江一同出发前往大同。

“天是透明的蓝，白云更流动得使人可以忘记很多的事，更不用说到那山山水水、小堡垒、村落，反映着夕阳的一角庙、一座塔！景物是美得使人心慌心痛。”下了火车的林徽因无限感慨。再一次投入到工作中，再一次投入自然的怀抱，林徽因难掩兴奋。只是，这兴奋来得有点早了。一行人很快发现，大同的贫穷是他们始料未及的——找不到投宿的客栈；街道上随着大风飞扬的是混着煤渣的灰土和人们丢弃的垃圾；交通工具只能找毛驴；“接待站”只有车马店。无奈之下，他们只得退回到了大同火车站。

天无绝人之路。上天还是对他们有所眷顾的，林徽因与梁思成碰到了当年在宾夕法尼亚大学一同读书的李景熙。李景熙读的是铁路运输，当时是大同火车站的站长。一别数年，老同学相见，分外亲切。李景熙将一行人安顿在自己家中。林徽因与梁思成找到了市政当局。市政当局为一行人解决了吃饭问题。在大同，他们考察了辽金时代的华严寺和善化寺。

考察云冈石窟是此行的重点。一行人又来到了地处偏僻的云冈石窟。这里的条件更为艰苦，当地的一家农户借给了他们一间没有门窗、没有家具、屋顶露天、四壁透风的房子。饮食也是在这家农户解决。每餐的主食都是煮土豆和玉米面糊糊，偶尔能有咸菜便是美味佳肴了。

好在，云冈石窟的北魏风格实实在在地给了他们一个大大的惊喜。北魏，佛学东渐，随着诸多纷争的平息，来自西域印度的佛教艺术开始入驻中华。云冈石窟是它在中国土地上开出的一朵奇葩。梁思成带领着一行人考察了石刻中所有的建筑形式：塔、殿宇、洞口柱廊；考察了石刻中所见的建筑部分：柱、阑额、斗拱、藻井；还考察了石刻中的飞仙及装饰花纹。

考察之余，林徽因也在不停地寻找着、感受着民间艺术的美——山村的土戏台、农户自家织的土布、式样古拙的长命锁、造型简雅的陶土罐。她将它们买下来，买不下来的，就让梁思成拍下来。每当此时，梁思成总不忍拂了林徽因的心愿，因为胶卷的数量是有限的，行程却不一定。

结束了对云冈石窟的考察，出于两则考虑——一是思念北平家中的孩儿与母亲，二是林徽因的身体状况不适宜长时间的劳累奔波，于是，她便作别一行人，先行回到了北平。其余人继续向应县出发，去考察应县木塔。

林徽因对山西之行的描述是她惯常的诗一般的笔触：

> 旬日来眼看去的都是图画，日子都是可以歌唱的古筝。黑夜里在山场里看河南来到山西的匠人，围着一个大红炉子打铁，火花和铿锵的声响，散到四周黑影里去。微月中步行寻到田垄废庙，划一根“取灯”偷偷照看那瞭望观音的脸，一片平静几百年来没有动过感情的，在那一闪光底下，倒像挂上一缕笑意……在草丛里读碑碣，在砖堆中间偶然碰到菩萨的一双手一个微笑，都是可以激动起一些不平常的感觉来的……由北京城里来的我们，东看看，西走走，夕阳背在背上，真和掉在另一个世界里一样！……

回北平后不久，林徽因便收到了梁思成的信：“你走后我们大感工作不灵，大家都用愉快的意思回忆和你各处同作的畅顺，悔惜你走得太早。我也因为想到我们和应县木塔特殊的关系，悔不把你硬留下同去瞻仰……”

隔几日，梁思成便又来信：“昨晨7时由大同乘汽车出发……到应县时已晚上8点。离县二十里已见塔，又夕阳返照中见其闪烁，一直看到它成了剪影，那算是我对于这塔的拜见礼……塔身之大，实在惊人。每面三开间，八面完全同样。我的第一感触，便是可惜你不在此同我享此眼福……”

再隔几日，梁思成又来信：“离家已将一月却似更久……这塔真是个独一无二的伟大作品。不见此塔，不知木构的可能性到了什么程度。我佩服极了，佩服建筑这塔的时代，和那时代里不知名的大建筑师，不知名的匠人。”

再隔几日，梁思成又写来第四封信，描述了攀爬木塔实地测量一事，感叹“若再迟半秒钟，则 10 天的工作有全部损失的危险”。

梁思成的来信一封接着一封，以对古建筑的赞不绝口应和着林徽因的感动，成就了属于他们的浪漫。

待一行人回到北平后，莫宗江向林徽因叙述着他们的测量过程：“最险的就是测量塔刹的尺寸……从塔顶到塔刹除了几根铁索外，没有任何可攀缘的东西……梁先生凭着他当年在清华做学生时练就的臂力，硬是握着凛冽刺骨的铁索，两腿悬空地往塔尖攀去。……我们在下面望着不禁两腿瑟瑟发抖。梁先生终于登上塔刹……”听着莫宗江详细的描述，面带微笑的林徽因其实心里已经不知打了多少个纽。她知道，那场面一定是极其危险的。

这样的考察旅行，林徽因与梁思成一同还经历了许多。1933 年 11 月，林徽因同梁思成、莫宗江去河北正定再次考察了那里的古建筑群。梁思成有语：“留定旬日，得详细检正旧时图稿，并从（重）新测绘当日所割爱而未细量的诸建筑物。”隔年的夏天，林徽因夫妇应费正清夫妇之邀请，一同去了山西汾阳、洪洞等地。秋天，林徽因、梁思成应浙江省建设厅邀请，到杭州商讨六和塔的重建计划，之后又去浙南武义宣平镇和金华天宁寺做古建筑考察。再隔年，林徽因与梁思成一起去了河南洛阳的龙门石窟、开封，以及山东的历城、章丘、泰安、济宁。

其间，林徽因的笔一直没有停止对一路上的风景的抒写与严谨记载。1933 年 10 月，林徽因发表了散文《闲谈关于古代建筑的一点消息》；1934 年 1 月，梁思成著述《清式营造则例》完成，林徽因为此书写了绪论；1934 年，林徽因连续发表了诗歌《年关》《你是人间的四月天》与小说《九十九度中》；1935 年初，林徽因与梁思成合著《晋汾古建筑预查纪略》，之后，连续发表了散文《吊玮德》、短篇小说《模影零篇——钟绿》和《模影零篇——吉公》、诗歌《灵感》《城楼上》。同年的 11 月 19 日，林徽因发表了散文《纪念志摩去世四周年》，这仅是对一位至交老友的凭吊。

与梁思成相伴，路上的风景便是美丽的。林徽因一直在用自己的行动娓娓地述说着一个道理，一个生活为什么美丽的道理。梁思成知道，林徽因这是在向他表明，她一直在践约，那个属于他们俩的约定。

战火升起

岁月如水，本该是柔弱多情，可偏偏又似一把利刃，雕刻着容颜，剐去你残存的梦想，留下的，只是那些支离破碎的片段。

1936 年初夏，一支只有 5 个人的考察队来到龙门石窟进行考察。这支考察队的主要成员包括当时致力于中国古建筑史研究的青年们：梁思成、林徽因、刘敦桢以及他们的学生陈明达、赵正之。他们将对龙门石窟再进行一次全面考察。虽然人数不多，但分工却是很具体细致的，刘敦桢负责洞窟编号及记录建筑特征，林徽因考察佛像雕饰，梁思成、陈明达负责摄影，赵正之负责抄铭刻年代。一进入龙门，林徽因就被石窟那博大雄浑的气势深深地震撼了。驻足龙门山下，骋目四望，一座座洞窟坐落在高山树林之间，山石建筑与自然风光相映成趣。

龙门石窟开凿于北魏太和年间，历经东魏、西魏、北齐、北周、隋等朝代的雕造，已颇为壮观。唐代贞观年以后，龙门又逐渐成为贵族、皇室造像活动的中心，两山窟龛层层密布，全山造像多达 10 多万尊，与敦煌莫高窟、大同云冈石窟并称三大石窟。举世闻名的龙门石窟开凿在龙门山的两侧，伊河流过山口之处，两岸对峙如阙，古人称之为伊阙。

结束了龙门石窟之行，林徽因、梁思成转道七大古都之一的开封，做中国古塔的考察。首先闯入他们视线的，是开封祐国寺的铁塔，这也是他们考察的第一个目标。这座塔建于北宋皇祐元年，琉璃砖结构，平面 8 角，13 层，高近 60 米，外壁镶嵌褐色琉璃瓦，酷似生铁浇铸，故称铁塔。

林徽因、梁思成来到这里时，塔基因黄河泛滥已埋没于地下，他们是第一次走近这座号称“天下第一塔”的古塔，抚摸着塔身在褐色琉璃瓦上浮雕的飞天、降龙、麒麟、菩萨、力士、狮子等像，林徽因赞不绝口，深深为之折服。考察小队通过底层埋没了一半的门洞进入塔身，攀爬 168 级台阶后到达塔顶，远眺瞭望，星点人形，明灭隐现，宛如一幅唯美的山水画。

天清寺的繁塔，让他们领悟了另一种美与力的永恒。这座开封东南的古塔，始建于宋太祖开宝年间，至淳化元年方才竣工，虽然在当时已成为残塔，但因明代在残留的 3 层塔身上加建 7 层小塔，反而有了十分独特的风貌。梁思成对刻在塔壁上的《金刚般若波罗蜜经》《十善业道经要略》等经文产生了浓厚的兴趣，扶着眼镜贴近碑刻细细鉴赏。而同时，林徽因在塔外打开了速写簿，描画着巍峨的塔影。

离开开封，林徽因和梁思成抵达济南与学生麦俨增会合，驱车东进到历城、章丘、临淄、益都、潍县，又回济南再南下长清、泰安、慈阳、济宁、邹县等 11 个县，考察神通寺四门塔、辟支塔、慧宗塔、法定塔、兴隆寺砖塔、铁塔寺铁塔、法兴寺宋塔、龙泉寺明塔以及岱庙、县文庙、寺殿等古建筑。山东之行不仅积累了第一手珍贵的建筑资料，也启发了林徽因的艺术灵感。

她一路走，一路写诗，许多佳作成为后人传诵的名篇，例如《山中》这首诗，描述了在路上的风景和心志：

紫色山头抱住红叶，将自己影射在山前，
人在小石桥上走过，渺小的追一点子想念。
高峰外云在深蓝天里镶白银色的光转，
用不着桥下黄叶，人在泉边，才记起夏天！

也不因一个人孤独的走路，路更蜿蜒，
短白墙房舍像画，仍画在山坳另一面，
只这丹红集叶替代人记忆失落的层翠，
深浅团抱这同一个山头，惆怅如薄层烟。

山中斜长条青影，如今红萝乱在四面，
百万落叶火焰在寻觅山石荆草边，
当时黄月下共坐天真的青年人情话，
相信那三两句长短，星子般仍挂秋风里不变。

另外一首诗《黄昏过泰山》，则表达了另一种借景抒情的兴致：

记得那天
心同一条长河，
让黄昏来临，
月一片挂在胸襟。

如同这青黛山，
今天，
心是孤傲的屏障一面；
葱郁，
不忘却晚霞，
苍莽，
却听脚下风起，
来了夜——

林徽因与梁思成的陕西之行也是收获满满。

在此之前，林徽因、梁思成前往太原途中，在经过榆次时，曾有过一次令他们意外的发现。林徽因偶然从车厢里探出头来，发现一座小殿的飞檐正好扑入她的视线。它别具一格的营造法式，让林徽因立刻觉得这是一座有着不同寻常价值的建筑，那座小殿堂便是永寿寺的雨花宫。通过考察，果然证明了这点，雨花宫的结构，是用最简略的办法，节省不必要的构材，同时在处理各种构材时，产生出纯结构的美，而没有特加任何装饰。这座建于大宋祥符元年的殿堂，也是唐宋间木构建筑过渡形式的重要实例。

1937 年 6 月，林徽因、梁思成、莫宗江、纪玉堂一行起了大早骑毛驴上山，在崎岖的山崖小道上，走走停停，上上下下，找了一天，才看到了那一角探身松墙之外的飞檐。那座寺庙在佛光山腰，因山势而建，坐东向西，三面环山。寺内建筑高低错落，主从有致，因年久失修，雕梁画栋的油彩剥落，好像一群蓬头垢面的阿罗汉疲惫地在山坡上歇息。

林徽因和梁思成曾读过伯希和的《敦煌石窟图录》，那上面记载了五台山的佛光寺，然后他们又从北京图书馆《古清凉志》《高僧传》《佛祖统计》《法苑珠林》等史料中，查阅了有关佛光寺的记载。这座寺院创建于北魏时期，是五台山颇负盛名的大寺之一。唐武宗“会昌灭法时，佛光寺被毁，12 年后，逃亡在外的该寺僧人愿诚法师募资重建”。

梁思成曾与莫宗江、麦俨增等先期对陕西的古建筑进行过考察，此次行程是应顾祝同之邀，到西安做小雁塔的维修计划。西安的大小雁塔，让林徽因切实感受到了中国古塔建筑那种独特的美的韵律。坐落在西安市南慈恩寺之内的大雁塔是一座多层楼阁式青砖塔，关于这个塔有一个迷人的传说。

当地居民说，曾有群雁飞过慈恩寺，领头的雁突然坠落地上，众僧大为惊愕，以为菩萨显灵，遂在大雁坠落处建了一座高塔，把死雁埋在塔下，故名雁塔。

这座古塔建于唐永徽三年，玄奘为保护由印度带回的经典，唐高宗出资在寺的西院建造此塔。初建时砖身土心，平面方形，为 5 层，唐长安年间，用青砖改建成 7 层，可由塔内攀登顶层，唐大历年间又改建为 10 层。

林徽因和梁思成被塔门精美的线刻佛像迷住了，西面石门楣的“阿弥陀佛说法图”，传说为唐代大画家阎立本的作品，图中的佛殿笔笔都是按着比例刻画，屋脊上的兽吻、飞檐、风铃、斗拱、柱基、石阶等，都表现得清清楚楚，将唐代建筑特色全部展示了出来。林徽因说：“如果将来有人搞一个摹本，唐代的营造法式，就有一个大致轮廓了。”

小雁塔在西安市南郊，建于唐中宗景龙年间，是为收藏经书而建，因比大雁塔小，故名小雁塔。最使林徽因惊异的是小雁塔3次离合的奇迹：明成化末年地震时，塔从顶到底中间断裂一尺多宽的缝隙，明澈如开了一道“通窗”，但正德末年地震，塔中裂缝自行弥合，天衣无缝，人皆称奇。第二次是明嘉靖乙卯地震，塔身又被震裂开，癸亥地震，又复合无痕。第三次是清康熙辛未，塔又被震裂，辛丑地震，又自行复合，这真是一件令人难以解释的奇事。小雁塔3次被震裂又3次自行复合的现象，给了林徽因、梁思成更多的启发，为他们制订修复小雁塔的计划，提供了历史的依据。在此期间，林徽因、梁思成还北去耀县，考察了药王庙，按照原来的设想，还要西行去敦煌考察莫高窟，但因时局紧张，此行未果，成为他们的终身遗憾。

7月初，考察队开始回返，一路上或骑骡子，或爬山，或坐货车，走出五台山，经砂河、繁峙，到代县，已是7月12日了。到代县之后，他们听到北平发生了“卢沟桥事变”的消息，路上收获丰富的喜悦骤然消失，大家的心情立刻沉重起来，梁思成想起“九一八”事变前日军在沈阳的种种暴行，忍不住叹息不已。

为了尽快赶回北平，林徽因和梁思成费尽周折。当时，平汉、津浦两条铁路已不再通车，他们只能绕道返回，又恐平绥也不能通车，只好嘱纪玉堂带上图录、稿件，暂返太原，等候消息。他们翌晨从代县出发，徒步到同蒲路中途的阳明堡，匆匆分手，各奔南北。林徽因、梁思成出雁门关，过大同、张家口昼夜兼程，赶回北平。

回到北平时，浓烈的火药味扑面而来，宋哲元二十九军的兵车从大街上呼啸开过，回到北总布胡同3号家中，又见士兵们在门口挖了堑壕，战争的硝烟四处弥漫。听到林徽因和梁思成考察归来的消息，朋友们相邀来到他们家，那时北平马路消息很盛，人心惶惶。大家相约以实际行动支持宋哲元及二十九军，林徽因、梁思成同刘敦桢一起，在北平教授致政府要求抗日的呼吁书上签了名。

由于战云压城，营造学社的工作已无法再进行。林徽因和梁思成终日忧心如焚，营造学社的同仁们最担心这几年积累的大量调查资料落入敌手，他们决定把这些资料转移到天津英租界英资银行保险库中存放。林徽因写信给女儿："如果日本人要来占北平，我们都愿意打仗！那时候你就跟着大姑姑那边，我们就守在北平，等到打胜了仗再说。我觉得我们现在做中国人应该要顶勇敢，什么都不怕，什么都顶有决定才好。"

7 月 28 日，日军占领北平。看着满街的太阳旗，民族的耻辱感油然而生，林徽因心中愤懑不已。某天，林徽因和梁思成收到署名"东亚共荣协会"的请柬，约他们参加一个会议，林徽因愤怒地把请柬撕碎了。北平是待不下去了，再待下去，就会为日本人所用。在此情形下，林徽因和梁思成决定离开北平，无奈被迫放弃安逸舒适的科研条件，到后方的大西南去。在一个战火升腾的黄昏，林徽因和梁思成携全家带了简单的行装，依依不舍地离开了北平。

飞往天堂的战机

1937 年 8 月，林徽因一家、金岳霖及清华大学的另外两名教授坐车赶往天津，他们从北平开来的火车上一下来就被眼前的情景震惊了。天津车站里到处都是荷枪实弹的日本兵，天桥上日军架起了机关枪，每一个过往的旅客都要受到严厉的盘查。日军把他们认为可疑的人都集中到站口的角落里，用枪托在他们头上、身上肆意乱打。5 岁的从诫被吓得哇哇直哭，使劲往外婆怀里躲。从北平逃难的人大部分都集中在这里。车站的广场上虽然挤满了人却安静得可怕。临街的墙上到处刷满了“中日亲善”“东亚共荣”“建设大东亚新秩序”之类的黑字标语。街道上行人稀少，不时有一队队巡逻的日本兵走过。

林徽因一家回到英租界红道路的家中，虽然相对安全一点，但睡梦中常被枪炮声惊醒。迫于战争局势紧张，他们决定先乘船到青岛而后南下。9 月初，林徽因一家搭乘一艘英国的商船，从新港出发。船到烟台，那里也已是战云密布，中日军队正在烟台对峙，战局一触即发。林徽因、梁思成不敢在这里留宿，即刻乘上去潍坊的汽车，在潍坊住了一夜。第二天一早，又乘上了青岛开往济南的第一班火车。

此时，胶东半岛也已满目疮痍，火车在胶济线上行驶，不时有日军的飞机从上空呼啸着掠过。每到这时，火车便立刻停下来，拉响警报，男男女女便慌张地跑下车去。日机飞得很低，几乎可以看到机身上邪恶的日本国旗。

火车就这样走走停停，下午 3 点钟才到济南。济南所有旅馆都已爆满，梁思成无奈联系到山东省教育厅，请其帮忙，最终在大明湖边找到了一家条件尚可的旅店。在济南住了两天，他们继续南下，经徐州、郑州、武汉，于9月中旬到达长沙。

9 月的长沙，天气热得像蒸笼。下了火车，他们在火车站附近租了两间房子。这是一所两层灰砖楼房，房东住在楼下，楼后面有个阴暗的天井。安顿下来后，林徽因的母亲由于一路车马劳顿，体力不支病倒了，烧饭、洗衣服等家务只能落到林徽因、梁思成的肩上。

这时，北平文化界、教育界的许多朋友也陆续到了长沙，他们大多是北京大学和清华大学的教授，准备到昆明去办西南联合大学。张奚若夫妇、梁思永一家也来了。林徽因刚刚安置下来的家，立刻又成了朋友们聚会的中心。朋友们经常到这里来，讨论战局和国内外形势，有时晚上大家聊得激动了，就一起高唱救亡歌曲。他们有时用中文唱，有时用英语唱，梁思成总是担任指挥。宝宝也学会了好几首歌，天天唱着“向前走，别退后”。

战火不断，他们准备从长沙辗转昆明。战乱年代，无论你想要怎样安稳，都免不了颠沛流离的生活。林徽因本就身体不好，再加上长途奔波，营养不良，在车行至湖南与贵州交界处的晃县时，突然肺炎发作，高烧不退。梁思成一手扶着虚弱的妻子，一手扶着病中的岳母，身后还有9岁的女儿和6岁的儿子。

屋漏偏逢连夜雨，战乱年代，交通不便，好几班旅客滞留在晃县，使本就不大的小镇一下子拥挤不堪。梁思成拖着一家老小，走了好几条街，都没能找到一家旅馆。

梁思成如困兽之斗，看着身边病重的妻子和年幼的孩子，无力之感涌上心头。好在上帝在关上一扇门的同时，总会为你打开一扇窗。就在梁思成手足无措之时，耳边传来一阵优雅的小提琴声。

小提琴，谁会在这偏僻之地演奏这种高雅的乐器呢？或许那些受过高等教育的人会救他们。

梁思成怀着最后的希望，冒雨循着琴音，敲开了一家旅馆的房门。原来，是一群穿着空军学员制服的年轻人，一双双明亮的眼睛流露出疑问的神色。交谈之下才知道，这些都是中国空军杭州笕桥航校第七期的学员。梁思成忐忑地说出了自己的窘迫。

青年们出乎意料的热情使这场战争有了此许温暖。他们立刻腾出一个房间让林徽因养病。在这些青年的热心帮助下，林徽因的病情才有了好转。

大家一路辗转，在昆明安顿下来，这些飞行学员也成了朋友聚会的座上宾。他们的家都在沦陷区，在昆明没有亲人，林徽因和梁思成便成了他们的家长。

航校毕业时，林徽因和梁思成收到了学校的请柬，邀请他们来做这8个孩子的荣誉家长。在毕业典礼上，梁思成坐在主席台上致辞，然后颁发毕业证书，毕业生们还做了飞行表演。林徽因看着他们兴奋的脸，只能在心里默默地祈祷，但愿战争不会降临到他们身上。

然而祈祷是没有用的，战争不会因为你的祈祷而停止，也不会因为你是孩子而延后。战争是残酷的。

参加完毕业典礼之后，8 名学员便陆续上了战场，紧接着，他们的阵亡通知书接踵而来。一封一封的阵亡通知书，如同一块一块塌下的天空，压得梁家人难以喘息。他们还没来得及为前去的亡者做深深的纪念，后面的死讯又接踵而至。他们的心碎了又碎，碎了还要碎！

从梁从诫的回忆中我们得知，黄栋权，那位雨夜拉提琴的学子，是比较早牺牲的一位，他是在昆明空战中牺牲的，而且他牺牲时特别悲壮，飞机被击落以后，尸体都找不全，梁思成便一块肉、一块骨头地寻找尸体，把它们拼凑在一起。因为他是名誉家长，这些学员一牺牲，阵亡通知书都寄到林徽因家去了。

自淞沪抗战以来，中国空军能参战的飞机已所剩无几。有人驾驶着由民用机改装的战机，他们甚至来不及参加一次像样的战斗就献出了年轻的生命。那个时候传说空军由航校毕业到战死，普通寿命只有 6 个月。

林徽因强支着病体，为年轻的战士默默哀悼。

林耀的战机，在衡阳保卫战中被日军击落，他是梁家 8 个名誉子弟中最后一个战死在蓝天的。

在这个死讯不断的日子里，林徽因的弟弟林恒也没有躲过劫难。

1944 年的一个黄昏，梁家最害怕的第九封信凄然而至，林恒的噩耗终究还是来了。

痛失亲人

战争是残酷的，其残酷就体现在战争会带走至亲的人。曾几何时，小弟指着天上的飞机天真地问：“妈妈，那是舅舅的飞机吗?”

林徽因说：“不是，那是日本鬼子的飞机。”

小弟说：“舅舅为什么不开飞机来打他们?”

林徽因说：“舅舅会来的。”

11 月下旬的一个下午，空中突然出现了大批的飞机，小弟在阳台上喊着：“妈妈，妈妈，你看舅舅的飞机来了。”

梁思成跑到阳台上，以为是中国的飞机，把小弟抱起来高兴地说：“真的是舅舅的飞机来了。”

这时飞机群呼啸着投下了黑压压的炸弹，梁思成还没有反应过来，炸弹便在楼底下开了花。他忙抱着小弟冲到屋里，林徽因抱起了宝宝，扶着母亲下楼。门窗已被震垮，到处是玻璃碎片。刚刚走到楼梯拐角处，又一批炸弹在天井里炸响，林徽因被气浪冲倒，顺着楼梯滚到院里，楼房倒塌了，一家人逃到街上，大街上黑烟弥漫，有几处房子燃起了大火，四处都是人们惊慌的哭叫声。

离他们住的地方不远处，是清华大学、北京大学、南开大学师生挖的临时防空洞。他们一家往那里跑的时候，飞机再次俯冲，炸弹呼啸而来，有一颗就落在他们身边，林徽因、梁思成紧紧护住两个孩子。飞机走后，他们从废墟里寻找着可以再用的衣物。刚刚安置下来的家，又化成了灰烬，战乱之下，大家只能漂泊度日。后来，林徽因一家和金岳霖一起，住在了长沙圣经学院。

不久，沈从文、曹禺、萧乾、孙伏园也从武汉来到长沙。那天清晨，外面鹅毛大雪，大家在林徽因的家里相聚一堂。沈从文在军中当团长的弟弟沈岳荃同日军作战时负伤，从杭州来长沙医院治疗。此时，他的伤已痊愈，正准备重返前线，见到哥哥，兴奋异常，便问沈从文有多少朋友从北平来长沙，表示愿以沈从文的名义，请大家吃顿饭，以尽地主之谊。过了两天，沈从文邀请了林徽因、梁思成、张奚若、金岳霖、杨振声、闻一多、朱自清、萧乾等人，由沈岳荃在三湘大酒楼设宴招待客人。席间，沈岳荃还和大家介绍了上海“八一三”战役，大家听了很受鼓舞，不时爆发出阵阵掌声。

林家的孩子，从童年起就读懂了死亡，读懂了战争。林长民的遇难犹如一颗楔子，扎在孩子们的心里。办完丧事，三弟把其他几个兄弟召集到一起，像将军一样宣布，组织童子军，杀到关外，去给爹爹报仇。几个孩子趁夜色离家，被母亲发现后哭着拖了回来。三弟林恒原本是最活泼的一个，从此变得沉默起来。

1941 年 3 月，林徽因的弟弟林恒阵亡于成都上空。他甚至还没来得及将飞机拉起来就被日军击落在离跑道尽头只有几百米的地方。

当时，林徽因病重，梁思成匆匆从重庆赶到成都收殓了林恒的遗体。一套军装，一把刻有蒋介石名字的中正剑，是林恒留在世上最后的遗物。

林徽因坐在窗前，沉痛不已的她无以为寄，只有依托文字以诉内心悲伤——

弟弟，我没有适合时代的语言，
来哀悼你的死；
它是时代向你的要求，
简单的，你给了。
这冷酷简单的壮烈是时代的诗
这沉默的光荣是你。
假使在这不可免的真实上，
多给了悲哀，我想呼喊，
那是——你自己也明了——
因为你走得太早。

这是1944年的秋天，你离去已经三年了，时光这个万能的医师，却不能使心灵的伤口愈合。那道伤口将会永远新鲜如初，不经意碰一下，就会引发起灵魂的血崩。三年了，一切都历历在目，如同昨天，唯一忘掉的，是听到那个噩耗的时刻。

你的后事，是你的姐夫瞒着我和母亲去办的。他最终无法隐瞒这个让人心碎的消息，看到他带回的那把“中正剑”——你留下的唯一遗物，母亲昏倒了，两个孩子也哭成了一团。在晃县与我们邂逅的一批特别朋友——航校学员，每到休息日，便到家里来玩，诉说乡愁和苦闷。他们学成时，我和你的姐夫被邀请作“名誉家长”出席毕业典礼。没想到此后不到两年，这批朋友先后牺牲了，连仅有的一个幸存者，也在不久前的衡阳战役中被击落失踪了。他们阵亡后，私人遗物寄到我这里，每一次我都失声痛哭一场。而我早已没有了眼泪，在父亲去世时就已经流光了。

太早了，弟弟，难为你的勇敢，
机械的落伍，你的机会太惨！
三年了，你阵亡在成都上空，
这三年的时间所做成的不同，
如果我向你说来，你别悲伤，
因为多半不是我们老国，
而是他人在时代中辗动，
我们灵魂流血，炸成了窟窿。

弟弟，你走得太早了，你刚刚23岁，死神将为你永远保留了这个美丽的年龄，本来你离它是那么遥远。在我的记忆里，你还是那个夏天长了一头痱子，哭起来惊天动地、彻夜不眠的小淘气，你还经常把自己的名字写错，爹爹来信说该挨打的小淘气。刚刚毕业的时候，你到家里来辞行，你是多么年轻的空军上尉呀，说是要上战场了，你那么轻松，仿佛是要进行一次愉快的远足，赴一个美好的约会。

然而，弟弟，你并不知，战争对于它的参加者意味着什么。你讲过你的同学那么多悲壮的故事，炸弹不是美丽的花束。你轻松的告别，是怕母亲为你担惊受怕，从那个时候起似乎你已经长大了。这就是战争，它能让一个孩子在瞬间变得成熟；它是文明的逆子，又是文明的慈母。它毁灭着，它创造着，它需要用千千万万青年人的血，来浇灌那橄榄枝条。

我们已有了盟友、物资同军火，
正是你所曾经希望过。
我记得，记得当时我怎样同你
讨论又讨论，点算又点算，
每一天你是那样耐性的等着，
每天都空的过去，慢得像骆驼！
现在驱逐机已非当日你最理想
驾驶的“老鹰式七五”那样——
那样笨，那样慢，啊，弟弟不要伤心，
你已做到你们所能做的。

弟弟，我仿佛看见你驾驶着“老鹰七五式”——你的铁鸟，呼啸着冲上天空，舷窗外的云彩燃烧着，整个天空，翻滚在雷与火之中。你的机翼下面，是一座和平宁静的城市，母亲在轻轻哼唱着摇篮曲，摇篮里的孩子，睡得那么香甜。而你，只听到了云的啸叫，敌机身上的“太阳”标记，刺痛着你的眼睛。

你按动按钮，你感到了天空被撕裂的阵痛。你们离得已经很近了，也许你看到了那张脸，让你觉得竟然有几分熟悉，如果不是战争，你们也许会是经济交往中的伙伴。你看到那张脸极度地扭曲着，你想对他吹一声口哨，然而，你的机身突然颤抖了一下。

你多少次抱怨过你的飞机，说它是那样的笨拙，那样的老态龙钟。你说这是世界上最糟糕的装备，你经常幻想着你能够驾驶一架灵巧的铁鸟。在你参战之前，你和你的一群同学到家里来，谈的话题总是这些。你们用模型一遍遍比画着，设想了各种各样的战斗场面，还拉了我做你们的参谋。那房间里的“空战”，轻松得像一场游戏，可你们却是那么认真，在你们看来，那也许是真正的短兵相接，尽管死亡离你们那样遥远。

别说是谁误了你，是时代无法衡量，
中国还要上前，黑夜在等天亮。
弟弟，我已用这许多不美丽的言语，
算是诗来追悼你，
要相信我的心多苦，喉咙多哑，
你永不会回来了，我知道，
青年的热血作了科学的代替；
中国的悲怆永沉在我的心底。
啊，你别难过，难过了我会给不出安慰。
我曾每日那样想过了几回：
你已给了你所有的，同你去的弟兄
也是一样，献出你们的生命；
已有的年轻一切；将来还有的机会，
可能的壮年工作，老年的智慧。

也许，从童年时你就读懂了战争，读懂了死亡。父亲遇难之前，你们同家里的大人一样，木鸡似的在人前愣着，虽然你们不明白，战争将会给你带来什么。爹爹的平安电报发回家来的时候，你们拿着电纸大声欢呼着，冲锋似的在院子里奔跑着，叫着“爹爹没有事，爹爹好好的”。

当爹爹的死讯传来，你们泪滢滢攒聚在一起，相互偎依着，睁大了迷茫的眼睛，你们不知道为什么天空好端端地会塌了下来。

爹爹出殡的时候，几个兄弟忘掉了恐惧，小四、小五在灵前翻着跟斗，嘻嘻地打闹着，小小的年纪，实在不懂得死是怎么一种含义。而你那时却默默地握紧了拳头。

办完了父亲的丧事，你把几个兄弟召集在一起，将军一样地宣布，你们要组织童子军，杀到关外去，替爹爹报仇。你们趁着夜色悄悄离家，是母亲哭泣着把你们拖了回来。有好长一段时间，你一句话也不说，都说你的性格变了。你曾是兄弟中最活泼的一个，每次志摩大哥到家里去的时候，总是你同他嬉笑，缠着他讲故事，一听说他要走，就忙着去藏他的帽子。

从那之后你变得深沉了。你的深沉，同你8岁的年纪是那么不协调。中学毕业后，你准备报考清华大学机械系，将来走实业救国的路子，发生在1935年12月的那场运动，使你彻底改变了自己的抉择。在游行的学生队伍中，你是走在最前面的，为此你遭到了穿黑夹克的政治宪兵的毒打。那天你失踪了，你的姐夫思成跑遍北平接收受伤学生所有的医院，我一刻不离地守在电话机旁，每声铃响，都让我心惊肉跳，直到后半夜才有了你的消息，我驱车赶往西城一个偏僻胡同，把你接回家里，你的伤没有痊愈，便放弃了进清华大学机械系的设想，毅然报考了空军学院。

你立志将来从武，你报考空军学院时谁也拦不住，你把生命的意义过早地看穿了，你终于在穿上军装之前，就成为懂得死亡的军人。

从战争爆发以来，你就随学院南迁，1939年夏天到了昆明，1940年春天，你以优异的成绩毕业，在同班100多名学员中，名列第二。短短的几年，你脸上的稚气渐渐消退了，你经常一个人把自己关在屋子里沉思，你成了一个成熟的男人，一个老练的空军驾驶员，对这个经常同死神照面的职业，你却从来不后悔自己的选择。

可能的情爱，家庭，儿女，及那所有
生的权利，喜悦；及生的纠纷！
你们给的真多，都为了谁？你相信
今后中国多少人的幸福要在
你的前头，比自己要紧；那不朽
中国的历史，还需要在世上永久。
你相信，你也做了，最后一切你交出。
我既完全明白，为何我还为着你哭？
只因你是个孩子却没有留什么给自己，
小时我盼着你的幸福，战时你的安全，
今天你没有儿女牵挂需要抚恤同安慰，
而万千国人像已忘掉，你死是为了谁！

弟弟，我又看到那一团燃烧的云了，它烧得那样热烈，那样壮美，那样灿烂！

在云的另一面，你冲了出来，你的铁鸟燃烧着，它的翅膀折断了，它的血液斑斓了全部天空，也许在那个时候，你看到了那张脸，他狰狞地笑着。

什么也没有来得及想，你拼尽了最后的力气，朝那张脸撞过去，云天里一声雷般的轰鸣，火光烧红了半壁天空。

很快，天空复又一碧如洗，缕缕微弱的黑烟，终于消失得无影无踪，似乎一切都没有发生过。没有更多的人听到那声贯耳的雷鸣，没有更多的人知道在他们头顶上发生或结束过什么。

弟弟，你折戟沉沙的英雄故事，只有巍巍的峨眉山会记下你的名字，不管它的草木经历过多少番枯荣；只有奔腾的岷江会记下你的身影，不管它消逝过多少流水。

战争，原本是让女人走开的，可是我却一步步走近了它。你把所有的都交出了，是那样慷慨，那样义无反顾。

然而，你注定会被忘却。

历史原本就是一个神秘的作坊，上帝的魔掌随意操纵着它，改变着它，任何一个个体的生命都小如芥子，没有人会计算你所付出的代价。

弟弟，我知道这一切你都不会计较，因为死亡保留了你最美丽的年龄。

这是你独有的一份辉煌。

雨和夜的厮杀终于结束。

弟弟，你看今天太阳多好？

大段大段的文字，以诗的笔调寄托着姐姐对弟弟的哀思，同样寄托的是林徽因对一个民族忠魂的哀思与纪念。英雄长存，民族之魂永在。林徽因用她的笔告诉人们一个真相，战争中勇敢的人对于民族的情感是用鲜血写就的，民族的独立与未来是以英雄的血为奠基石的！

隐约中，我们似乎看见了林徽因眼中布满的血丝以及那血丝中渗出的寒冷与恨。我们似乎看见了她站在那儿，面朝着黑暗的东方……

昆明暂居

1938 年 1 月，林徽因和梁思成一家来到昆明，暂时居住在翠湖巡律街前市长的宅院里，与他们为邻的是张奚若夫妇。四周环境优雅，不远处是阮堤，穿过听莺桥，随后是海心亭，亭中有对联为：“有亭翼然，占绿水十分之一；何时闲了，与明月对饮两三。”迫于战乱避难于此的林徽因对于难得的安宁环境颇为珍惜，然而，生活总是在动荡中进行着。梁思成因脊椎病复发，背部肌肉痉挛，即使穿了支撑重心的铁背心也难以站立，发作厉害的时候，甚至会痛得昼夜不眠。同时，梁思成扁桃体发炎化脓，切除扁桃体的手术又引发了牙周炎，于是又拔掉了牙，病痛缠身。

不久，杨振声、沈从文、萧乾也结伴来到了昆明。他们住在离林徽因、梁思成不远的北门街，那是蔡锷曾经发动反袁战争时在云南的旧居。这是一栋极平凡的小房子，斑驳陆离的瓷砖上，有“宣统二年造”字样，院子里有两株合抱大的尤加利树。过了不久，沈从文的夫人张兆和带了两个孩子，也绕道香港，经越南河内来到昆明。后来，杨振声的女儿和儿子也来到这里，外加金岳霖，他们组成了一个临时大家庭。

朱自清等一群朋友到昆明后，住处离他们也不远，大家见面的机会多起来，很快又恢复了北平文化小圈子的热闹。聚会的地方更多是在林徽因家里，大家一起谈文学、谈战局，谈累了的时候，大家便去李公朴开的北门书店逛逛，或去顺城街老城墙脚边排档上品尝风味小吃。

那时，林徽因的三弟林恒也在昆明航校，经常带一群同学到家里来玩。舅舅的到来，最欢喜的就是两个孩子。舅舅给他们做飞机模型，还带来黄灿灿的子弹壳做的哨子。他们最喜欢舅舅讲有关战斗的故事。后来，萧乾来了，听林恒的故事比孩子们还入迷，颇受感动。每到这时，林徽因便鼓励他把这些故事写出来。不久，萧乾写出了那篇在当时文坛颇有反响的《刘粹刚之死》。

这段难得的平静日子，记录在林徽因当时写下的几首诗中。这个时期林徽因的作品，大都是纪事性的。

对北门街园子

别说你寂寞；大树拱立，
草花烂漫，一个园子永远睡着；
没有脚步的走响。
你树梢盘着飞鸟，每早云天，
吻你额前，每晚你留下对话，
正是西山最好的夕阳。

茶铺

这是立体的构画，
描在这里许多样脸，

在顺城脚的茶铺里，
隐隐起喧腾声一片。

各种的姿势，生活
刻画着不同的方面：
茶座上全坐满了，笑的，
皱眉的，有的抽着旱烟。

老的，慈祥的面纹，
年轻的，灵活的眼睛，
都暂要时间茶杯上
停住，不再去扰乱心情！

一天一整串辛苦，
此刻才赚回小把安静，
夜晚回家，还有远路，
白天，谁有工夫闲看云影？

不都为着真的口渴，
四面窗开着，喝茶，
跷起膝盖的是疲乏，
赤着臂膀好同乡邻闲话。

也为了放下扁担同肩背
向命运喘息，倚着墙，

每晚靠这一碗茶的生趣
幽默估量生的短长……

这是立体的构画，
设色在小生活旁边，
荫凉南瓜棚下茶铺，
热闹照样的又过了一天。

从诗中可以看出，这个茶铺给予了林徽因很多温暖而又美好的回忆。花上一角钱，可以买到一碗热气腾腾的米线。店主是一位瑶族大妈，对北平来的几位客人特别热情。有时，还给他们端上一盘爆炒黄鳝丝，或一盘新鲜的田螺。在这里也能吃到“恋爱豆腐果”，那其实是一种油炸米豆腐小风味，有恋人来买这种小食品，茶铺主人便多多地放辣椒末，据说越辣二人的感情越深。因此，他们总是怂恿沈从文和张兆和、萧乾和“小树叶”吃“恋爱豆腐果”。张兆和、“小树叶”不堪那火一样的辣，咽下一口，眼泪全冒出来了。大家便一块儿起哄：“全吃光啊，吃不光感情就不深!”

林徽因家的邻居，是一位从四川来的做白铁活的张大爷，约60岁的年纪，驼背，他喜欢喝很烈的苞谷酒，脸总是红红的。林徽因经常带上宝宝和小弟，去张大爷临街的小楼前看他做的手艺，一张白铁板，在他手里剪剪敲敲，三下两下，就出来一只漂亮的小水壶。林徽因在《小楼》一诗中记录下了此段经历——

张大爹临街的矮楼，
半藏着，半挺着，立在街头，
瓦覆着它，窗开一条缝，
夕阳染红它如写下古远的梦。

矮檐上长点草，也结过小瓜，
破石子路在楼前，无人种花，
是老坛子，瓦罐，大小的相伴；
尘垢列出许多风趣的零乱。

但张大爹走过，不吟咏它好；
大爹自已（上年纪了）不相信古老。
他拐着杖常到隔壁沽酒，
宁愿过桥，土堤去看新柳！

7月，萧乾接到了胡霖从香港发来的电报，前一年停刊的《大公报》现已在香港筹备复刊，计划在“八一三”一周年之际出复刊号，请萧乾尽快赶往香港。兴致勃勃的萧乾，接到电报便和“小树叶”一起来到林徽因家分享好消息。临行前几天，萧乾四处向朋友辞行、约稿。萧乾走后，林徽因经常写信给他，对他的工作予以鼓励和支持。

后来，在林徽因和梁思成到了昆明不久，莫宗江、陈明达、刘致平也先后来了。在北平时，营造学社已有普查全国古建筑的设想，现在营造学社的几个骨干都到了昆明，梁思成和林徽因便设想把大家组织起来，恢复营造学社的工作，对江南地区的古建筑进行考察。为了筹措经费，梁思成曾给中美庚款基金会周诒春写过信，询问能否得到补助。周诒春复信说，只要有梁思成和刘敦桢，基金会便承认营造学社，可以继续给补助。正好刘敦桢从湖南新宁老家来了信，愿到昆明来。这样，营造学社西南小分队就组建起来了。

1939 年初，战争的硝烟没有放过美丽的昆明，日本侵略者的飞机到处骚扰，空袭的警报频繁响起，大家携家带口出外避难。昆明文化圈的朋友和营造学社的同仁，纷纷搬到乡下。沈从文一家去了呈贡县的龙街，林徽因、梁思成一家随营造学社搬到了郊区龙泉镇的麦地村。学社的办公地址设在麦地村一个旧尼姑庵中，绘图桌与菩萨们共处一殿，中间只用麻布拉了一道帐子。林徽因一家住在大殿旁一间半大小泥土铺地的小屋里，学社的其他成员和家人也都住在这座尼姑庵中。

这一年秋天，在林徽因的细心照顾和系统的治疗下，梁思成的身体状况逐渐好转，他与刘敦桢还有莫宗江、陈明达，开始了对云南、四川、陕西、西康等地为期半年的古建筑考察。林徽因负责留守和整理资料。

1940 年春天，林徽因和梁思成设计并亲手建造了龙泉镇 3 间住房和 1 间厨房。这座小屋坐落在村边开洼地的边上，背靠高高的堤坝，上面长着一排笔直的松树，南风吹来，野花散发出清新的香气，生活又迎来了久违的平静。金岳霖在他们的住房尽头加了一间耳房，算是他的居室。他每天早上到西南联合大学授课，晚上赶回来居住。钱端升等众多朋友也在这里建了房子，大家都为这“乔迁之喜”感到自豪，从图纸的设计到一砖一瓦的构建，都是他们亲自动手，北总布胡同文化沙龙的欢乐在此处得以重现。

而林徽因、梁思成为建造这 3 间住房倾尽了所有的积蓄，家庭经济能力已经举步维艰。多亏此时费正清夫妇寄来一张为林徽因治病的支票，才算付清了建房欠下的债务。林徽因每天起床后便清扫庭院，做饭洗衣，在这段恬静而热闹的日子里，她的生活繁忙而又乐趣不断。

3 月的大理，是一个美丽的季节。苍山洱海怀抱中的蝴蝶泉。正是一年一度的蝴蝶聚集的时节。争奇斗艳的彩蝶在湖面花丛之中翩翩起舞，自成一番绝妙的景致。林徽因带着宝宝和小弟穿行在翅膀飞动的世界里，享受着无穷的乐趣，流连忘返。3 月 15 日，是白族传统的三月节。这是大理最热闹的时候，13 省的客商都在这里云集，一时间游人如织，沿街搭起十里长棚，土特产琳琅满目，有白药、虫草、普洱茶、杨林肥酒、松香、象牙芒果、宣威火腿、邓川乳扇、屏边蜡染、阿昌“户撒刀”等。

三月节也是恋爱的节日。精心装扮的白族青年男女，会集到蝴蝶泉边。姑娘们多是白上衣，红坎肩，黑丝绒领褂，下着蓝色或白色宽裤。小伙子则多是白衣白裤，上穿一件黑坎肩。每当月亮升起来的时候，蝴蝶泉成了歌声的海洋，那优美的对口山歌和白族调，让林徽因听得如醉如痴。姑娘和小伙子们对歌都是即兴发挥，充满着智慧。蝴蝶楼边那个最漂亮的姑娘和那个最英俊小伙子的对歌，很自然地吸引了众多的青年男女。歌声唱了一整夜，林徽因也记了满满的一本歌词。

女：阿哥啊，想你好像是想月。

男：说合拉吆，对合拉。

女：我把实话告诉你，

　　挂你好像月挂星。

男：阿妹啊，挂你好似针挂线。

女：你不说吆，我晓得。

男：你听小哥告诉你，

　　想你好像线穿针。

女：说合拉吆，对合拉。

男：小亲妹啊，相交要像长流水。

女：噢嗬嗬，说合了，噢嗬嗬。

男：你听小哥说给你，

　　细水长流不断根。

女：小亲哥啊，

　　相交好像山中松树千年绿。

男：唤嗬嗬，阿哥也是这么说。

女：我把实话告诉你，

　　莫像河边垂柳一时青。

大西南的民风民俗，陶冶着林徽因的艺术情操。她对这里的一切都产生了浓厚的兴趣。她不仅考察了当地的民居，画了许多图纸，而且对民族工艺也很有兴趣。

麦地村有一座烧制陶器的土窑，能烧制出很精美的陶罐。林徽因迫切地想去看一看，当地乡亲们告诉她，烧窑的技术传男不传女，女人进作坊被看作是不吉利的事。为此，林徽因花了不少钱，费尽周折后终于得以进入。

一进作坊，林徽因看到那个制坯子的老师傅，他把一团熟韧的泥放在转盘上，轮盘转动起来，老师傅眯着眼睛，用手轻轻地一捋就造出来一个精美的造型。林徽因脱口叫起来："美极啦，就要这个!"老师傅仍眯着眼睛，头也不抬，脸上毫无表情。林徽因焦急地等待着，可是老师傅仍旧不肯停下来，似乎没有注意到身边有人。最后，工作结束，老师傅抬头对林徽因笑笑，把他的作品从转盘上取下来，那是一只精美的花盆。

林徽因激动地接过花盆，仿佛见证了从泥土到艺术的成长过程，让她深切体会到了艺术的神奇和力量。在纷飞的战火中，偏居在昆明的林徽因度过了一段难得的静好岁月。

竹林深处

1940年初冬，中国营造学社西南小分队在昆明恢复工作以后，为了便于利用中央研究院史语所的图书资料，林徽因一家和营造学社的同仁乘一辆卡车，经曲靖、六盘水，过叙永直下泸州，在离宜宾30千米的南溪县李庄镇上坝村安营扎寨。

11月的竹林，霜林尽染，一片火红的颜色，在寒风中摇曳着。阳光照耀在孟宗竹上，闪耀着慵懒的光。远处山鸟叫声不绝于耳，飞蹿于山间丛林之中。然而，美丽的大自然终究无法抵挡生活的现实艰辛。林徽因一家租用了两间低矮的陋室，墙是竹篾抹了一层泥巴做成的。

傍晚来临时，宽大的墙缝能透进寒凉的月光，顶上的席棚因年深日久，经常有老鼠出没，偶尔还有蛇突然造访。生活用水要到村边的水塘去挑，晚上只能靠一两盏菜油灯照明。这里生活条件非常艰苦，即使是1千米外的李庄镇，也只不过是个万把人的镇子，谈不上什么粮菜供应，生活条件比在昆明时更差了。不得不操持的家务占据了林徽因大部分的精力和时间，让她无法专心从事研究创作，此事让她苦恼不已。林徽因曾经给费慰梅写信诉说自己的苦衷：

每当我做些家务活时，我总觉得太可惜了，觉得我是在冷落了一些素昧平生但更有意思、更为重要的人们。于是，我赶快干完了手边的活儿，以便去同他们“谈心”。倘若家务活儿老干不完，并且一桩桩地不断添新的，我就会烦躁起来。所以我一向搞不好家务，因为我的心总一半在旁处，并且一路上在诅咒我干着的活儿——然而我又很喜欢干这种家务，有时还干得格外出色。反之，每当我在认真写着点什么或从事这一类工作，同时意识到我在怠慢了家务，我就一点也不会感到不安。老实说，我倒挺快活，觉得我很明智，觉得我是在做着一件更有意义的事。只有当孩子们生了病或减轻体重时，我才难过起来。有时午夜扪心自问，又觉得对他们不公道。

林徽因在艰苦的生活环境中尽量寻求生活的乐趣，她把两间简陋的房子收拾得井井有条，窗户是用粉白纸糊过的，窗台上的玻璃瓶里经常插着她从田野里采来的鲜花。这里的小屋也吸引了上坝村的乡亲，林徽因热情好客，大家都喜欢与她交流，闲暇时便聚在这里谈天说地，尽管都是生活的琐碎之事。来得最多的还是姑娘和年轻媳妇，有什么悄悄话总愿意和她讲。哪一个姑娘出嫁办嫁妆，都找上门来请她出主意。谁家媳妇生了娃娃，总也忘不了给她送上几个红鸡蛋报喜。渐渐地，林徽因喜欢上了这个小村庄。她喜欢小村庄的自然风光，幽静的竹林，清澈的池塘，绿意盎然的山坡上一片片的田野。她更喜欢村里的人们，朴实纯真、憨厚老实的庄稼汉给她的乡居生活平添了许多欢乐和温暖。

安顿下来之后，林徽因、梁思成等人又开始了紧张的考察工作。离南溪县不远的兴文，是建武僰人悬棺集中区，因此成为他们考察的第一个目标。他们从曹云邓家河放舟而下，举目可以望到苏麻湾崖上的僰人悬棺。悬棺处在离地面100多米的高处，约有50多具，形若长匣，有两棺并列或两三棺重叠，悬于木桩上，也有的将棺镶嵌在长方形崖穴内，周围是奇山怪石，千姿百态。

僰人是个古老的民族，春秋前后居住在以僰道为中心的川南及滇东一带。楚僰是古县名，汉代治所，在今四川宜宾西南安边镇。僰人是个强悍的民族，他们有过自己的黄金时代，创造了自己的灿烂文化，但是在历史的长河中，他们犹如昙花一现，之后便神秘地消失了，只留下这崖壁上的悬棺，也把一个千古之谜悬挂在这峭壁上，让后来者去揣测，其神奇之处令大家赞叹不已。

莫宗江说：“古代缺乏吊装设备，这几百斤重的棺木，是怎么弄上去的?”

陈明达说：“可能是从崖顶上用绳索悬吊下来的。”

梁思成说：“那需要非常严密的几何计算，而且几百斤重的棺木怎么能弄到崖顶上去呢?”

刘敦桢说：“我认为可以用联桩铺道的办法，用栈道将棺木送到崖顶上去。”

陈明达说："我觉得是在靠地面处，搭上木梯，然后登梯送棺。"

大家各持一见，讨论得很是热烈。

刘敦桢说："还是听听林徽因的看法吧。"

"我想的不是棺材如何悬上去的。"林徽因说。她仰望崖壁，陷入深思，那个远去的民族，把死亡的棺木高高悬挂在这悬崖峭壁，没有刻下显赫的碑文，没有留下史书传承。"这个谜大概只有僰人能够解释，在这里我看到的是人类早期文化和艺术的另一番天地，一个强悍的民族消失了，除了崖壁上的悬棺，他们没有留下任何文化艺术形象的信息，历史的朦胧才显出了它神奇的魅力。"

他们沿岷江逆流而上，峡区河道蜿蜒，两岸风光秀丽，"嘿左，嘿左，嘿左，嘿左"，雄壮的川江号子声在崖壁上荡起四面八方的回声。船只过往，水手们净一色的包头赤臂，裸露着黝黑的脊梁。船过乌尤山，此为沫水、青衣江、岷江汇流处，水势湍急，行舟极险。战国时，秦昭王蜀郡守李冰治水，在凌云山与乌尤山之间，凿一衢道，以分水势，绕乌尤山而下，再与岷江汇流，以利航行。乌尤山又名青衣岛，孤峰卓立，山环水抱。诗人张船山曾题诗："凌云西岸古嘉州，江水潺潺绕郭流。绿影一堆飘不去，推船三面看乌尤。"林徽因一行人在麻浩湾上岸，那里有一座东汉崖墓，是他们的考察目标。这座崖墓有着鲜明的东汉墓室风格，棺室、椁堂、墓道深近 30 米，最宽处近 11 米，最高处 2.8 米，入内门框上镌刻"邓景达冢"4 个汉隶大字，雄劲奔放。

林徽因被椁堂内的浮雕图深深震撼了，那些图像有《车辇图》《牧马图》《宴乐图》《荆轲刺秦王图》等。墓道口外的门枋上刻浮雕佛像一尊，结跏趺坐，头为高肉髻，佩顶光，右手作降魔印，左手放膝上，执一襟带状物，身躯突出额枋，是我国早期佛教造像模式。林徽因和莫宗江很认真地临摹着崖墓图像，梁思成忙着拍摄照片，陈明达忙着测算数据，这是他们将来写作《中国建筑史》的第一手材料。

之后，他们取道大足，登古龙岗山，去考察摩崖造像。古龙岗山又称北山，唐末昌州刺史，昌、普、渝、合四州都指挥韦靖，于此建永昌寨。唐景福元年在这里造像，经五代到南宋绍兴年间，历时 250 多年建成。石刻分布在佛湾、白塔寺、营盘坡、观音坡、佛耳岩等处。佛湾一处有 264 座龛窟，岩高 7 米，长 500 米，南段多晚唐和五代雕刻，北段多宋代雕刻。神车窟中的蟠龙“心神车”，正壁为佛，左净宝瓶观音，右多罗。左壁为文殊、玉印观音、如意珠观音，右壁为普贤、日月观音、数珠手观音。对称的雕刻艺术，严紧有条，浑然一体。8 尊菩萨像丰腴圆润，典雅大方，凸显了雕刻技艺的精湛。人物生动活泼，琼楼玉宇，山水树木，飞禽走兽，都雕刻得细致真实，林徽因在石刻上还发现了古代匠师的名字。

北山的摩崖造像，让他们大开眼界，宝顶山的摩崖造像也独具魅力。宝顶山在大足县城东北 15 千米处，是善男信女朝拜进香的名山，素有“上朝峨眉，下朝宝顶”之说。这天恰好是朝山的日子，山路上充满了虔诚的香客，抬滑竿的后生们青布包头，身穿蟠龙衫，下穿宽脚灯笼裤，潇洒利索，竹滑竿在他们的肩上悠悠颤动着，滑竿客们悠然自得地对着山歌，歌词也被林徽因细心记下：

前边的人唱：

天上星，
打落台盘四个钉。

后边的人应：

四个台盘四个横，
四个横头四个钉。

前边的人唱：

天上星，
打落台盘四个钉。

后边的人应：

四个门楼对大屋，
四个台盘对大厅。

前边的人唱：

天上星，
打落台盘四个钉。

后边的人应：

大船无脚行千里，
北斗也行月也行。

前边的人唱：

天上星，
打落台盘四个钉。

后边的人应：

七星原来伴北斗，
阿哥原来伴妹行。

对面山坡上的滑竿客也兴致勃勃地唱着：

甘蔗过篱十二节，
不知哪节是真糖。

这边的滑竿客应和：

甘蔗过篱十二节，
中心一节是真糖。

对面的滑竿客唱：

楼上娇娥十二个，
不知哪个是真双。

这边的滑竿客应：

楼上娇娥十二个，
中心一个是真双。

林徽因听得入迷。梁思成说：“我们在绵阳考察的时候，滑竿客的对歌也很有趣。比如要是路上有一堆牛粪，前边的人就会唱，‘天上鸢子飞’，后边的立刻回答，‘地上牛屎堆’，后边的人就知道要小心地避开牛粪了。路上的石板如果活动了，前边的人就会唱，‘活摇活’，后边的人就会应，‘踩中莫踩角’。要是对面走来一个姑娘，恰好这姑娘脸上有点麻子，前边就唱，‘左边有枝花’，后边的立刻接上，‘有点麻子才把家’。”

刘敦桢接过来说：“要是厉害的姑娘，马上就会还嘴说，‘就是你的妈’。”

林徽因笑得直不起腰来。她说：“老梁，你怎么不给我把这些记下来，可以编一本滑竿调了。”

宝顶山的摩崖造像数以万计，以大佛湾和小佛湾规模最大。大佛湾是一个幽深的马蹄形山湾，长500米，崖壁陡峭，雕刻分布在东、南、北3面，有30多幅巨型雕刻。最让人赞叹的是“六道轮回”“广大宝楼阁”“华岩三圣像”“千手观音像”“九龙浴太子”“十大明王像”等。

林徽因说：“这里的造像与北山不同，都是很有趣的佛教故事，很有些人间烟火味。”

刘敦桢说：“这里的石刻，大多数是密宗造像题材，反映了密宗势力在唐后期曾盛极一时的景象。”

在宝顶山圣寿寺西侧，有著名的大宝楼阁，现存造像600多尊，遍布石壁四垣，中有小室，名毗卢庵，内外壁镌刻唐柳本尊行化图，以及地域变相图，前面的方形石塔，共有3层，刻满12部《大藏经》目录。大佛湾的南侧，有宝顶圆觉洞，是由整石开凿，洞顶上方开窗采光，洞顶泉水引入洞中，经壁间小沟流入龙口吐出，再注入暗沟流出洞外，泉声叮咚，愈发突显了艺术境界。洞正壁刻佛像3尊，左右壁有12尊圆觉菩萨，稳坐莲台，姿态各异，衣褶流畅自如，雕刻逼真。壁间刻楼台亭阁，人物鸟兽，花草树木，幽泉怪石，近似写实作品，描写细致。

林徽因沉寂其中，专心临摹，直到大家一再催促，她才恋恋不舍地离开。下山的路上，大家纷纷探讨着自己的观摩感受。在这片偏居一隅的小村庄，林徽因却收获了大量的信息和乐趣，建筑中的诗情画意让她沉醉不已，暂时忘却了战争带来的伤痛和无奈。

人的一生要经过许多历程，才会在痛苦和遗憾中得到淬炼，拥有丰富的生活阅历。很多人能够心平气和地看待世事时，往往都已近暮年。林徽因算是个从容而淡雅的人，她不会因为某种情绪就让自己陷入沉沦。建筑于她，就像是一种人生信念；而文字便是她对美好情感的一种约誓。她深谙世间百态，体察人情冷暖。繁华过尽，她却始终如人间四月的青松苍翠如初……

第七章　人生聚散两依依

人生是一程不可逆的旅途，太多的过往都无法复制，当世人看着身边的人一个个逝去时，眼里、心里尽是无可奈何的落寞，而那些萌发的新绿又与自己是那样的格格不入。也许，这就是代价，生命的代价。轮回、因果，无论是否真的存在都不重要。重要的是，不轻易挥霍每一天，不轻易错过爱的人。林徽因即如此，她热爱生命，就如同她喜欢人间四月，喜欢遍地青翠一样。即便在她被病痛折磨的日子里，她也依然没有停止过用心感受，用诗歌吟唱。是的，生在江南，死后也要做回西湖畔的那朵白莲……

硝烟散去

1945 年 8 月，日本侵略者宣布无条件投降。听闻此喜讯，林徽因夫妇喜极而泣。历经 8 年的颠沛流离终于看见了希望，于是他们决定庆祝一番。此前林徽因已经因病卧床 4 年了，她顾不得自己身染疾患，4 年来第一次离开她的居室，坚持出门到茶馆去，以茶代酒，庆祝抗战的胜利。梁思成也兴致勃勃地回到李庄镇，买了简单的酒菜，还请了好友莫宗江一起相庆。兴之所至，梁思成朗诵起了杜甫的诗：

剑外忽传收蓟北，
初闻涕泪满衣裳。
却看妻子愁何在？
漫卷诗书喜欲狂。

白日放歌须纵酒，
青春作伴好还乡。
即从巴峡穿巫峡，

便下襄阳向洛阳。

然而，此时，虽然日寇已经投降，可是蒋介石调兵遣将，内战一触即发，国内形势并不乐观。

1946年1月，林徽因心事重重，从重庆写信给费慰梅说：

正因为中国是我的祖国，长期以来我看到它遭受这样那样的苦难，心如刀割。我也在同它一道受难。这些年来，我忍受了深重苦难。一个人毕生经历了一场接一场的革命，一点也不轻松。正因为如此，每当我察觉有人把涉及千百万人生死存亡的事等闲视之时，就无论如何也不能饶恕他……我作为一个“战争中受伤的人”，行动不能自如，心情有时很躁。我卧床等了4年，一心盼着这个“胜利日”。接下去是什么样，我可没去想。我不敢多想。如今，胜利果然到来了，却又要打内战，一场旷日持久的消耗战。我很可能活不到和平的那一天了。（也可以说，我依稀间一直在盼着它的到来）我在疾病的折磨中，就这么焦灼烦躁地死去，真是太惨了。

到了重庆，林徽因的大部分时间都待在中研院招待所里，那时费慰梅在美国大使馆当文化专员，她时常带着林徽因四处游览，还请著名的美国胸外科大夫里奥·埃娄塞尔博士检查了林徽因的病情。林徽因和儿子小弟还参加了马歇尔将军在重庆美新处总部举行的一次招待会，在那里见到了共产党的领导人周恩来。

后来，梁思成先回李庄处理北返事宜，费慰梅同林徽因乘机去了昆明。林徽因重访昆明时的住所是军阀唐继尧后山上的祖居。老友张奚若、钱端升夫妇、金岳霖等人时常陪伴在林徽因的身旁，有女仆和金岳霖热心周到的照顾，让林徽因感到十分惬意。

后来，林徽因给费慰梅写信，简述了她在昆明的情况：

我终于又来到了昆明！我来这里是为3件事，至少有一桩总算彻底实现了。你知道，我是为了把病治好而来的。其次，是来看看这个天朗气清、熏风和畅、遍地鲜花、五光十色的城市。最后并非最无关紧要的，是同我的老朋友们相聚，好好聊聊。前两个目的还未实现，因为我的病情并未好转，甚至比在重庆时更厉害了——一到昆明我就卧床不起。但最后一桩我享受到的远远超过我的预想。几天来我所过的是真正舒畅而愉快的日子，是我独自住李庄时所不敢奢望的。

我花了11天的工夫才充分了解到，处于特殊境遇的朋友们在昆明是怎样生活的……加深了我们久别后相互之间的了解。没用多少时间，彼此之间的感情就重建起来，并加深了。我们用两天时间交谈了各人的生活状况、情操和思想。也畅叙了各自对国家大事的看法，还谈了各人家庭经济，以及前后方个人和社会状况。尽管谈得漫无边际，我们几个人（张奚若、钱端升、老金和我）之间，也总有着一股相互信任和关切的暖流。更不用说，忽然能重聚的难忘的时刻，所给予我们每个人的喜悦和激奋。

林徽因还在信中描述了唐继尧别墅的“盛况”：

一切最美好的东西都到花园周围来值班，那明亮的蓝天，峭壁下和小山外的一切……房间这么宽敞，窗户这么大，它具有戈登·克莱格早期舞会设计的效果。就是下午的阳光也好像按照他的指令以一种梦幻般的方式射进窗户里来，由外面摇曳的桉树枝条把缓缓移动的影子泼到天花板上来。

不管是晴天或者下雨，昆明永远是那样的美丽，天黑下来时我房间里的气氛之浪漫简直无法形容——当一个人独处在静静的大花园中的寂寞房子里时，忽然天空和大地一齐都黑了下来。这是一个人一辈子都忘不了的。

1946年7月，西南联合大学教工返回北平，林徽因一家也随乘一架改装的军用飞机，由重庆顺利地回到北平。阔别9年后再次归来，林徽因心中不禁感慨万千。铺天盖地的太阳旗已不复见，代之而起的是酒幌一样的青天白日旗。当天是教师节，北平市政府正准备举行8年来的第一次祭孔大典。

回到北平后，林徽因和梁思成住在清华大学的宿舍。梁思成组建起了清华大学建筑系，随之赴美考察战后的美国建筑学教育。同时，他应耶鲁大学的聘请，教授中国艺术史，做为期一年的讲学。

战后的北平，经济萧条，物价飞涨，短短几个月内，大米由法币900元一斤，猛涨到2600元一斤。清华大学的学生食堂前，常常拥挤着出售衣物的学生，他们在铺在地上的旧报纸上，用毛笔写着："卖尽身边物，暂充腹中饥。"

1948年，反饥饿、反内战的浪潮方兴未艾。上海、南京等地也开始了抢救教育危机的运动。11月初，学校开始总罢课，饥饿迫使温文尔雅的教授和莘莘学子无法再继续沉默了。他们在民主墙上贴出了自己的宣言："几个月来宁静的涅槃境界，才能求得解脱。在美学上，它是反现实主义，教育界同仁除了普遍的穷困，三餐不给，儿女啼饥号寒之外，有的弄得精神失常，以致疯狂，有的服毒，有的跳楼自杀。……我们现在除了采取积极行动，以促使政府接受外，已别无其他办法。"

整个清华园空前地沸腾起来，就连烧开水的锅炉上也写着"火说：烧死法西斯细菌！"的标语。全校师生员工频频举行演讲会，第一次喊出"只有反抗，才能生存"的口号。校内高音喇叭播送着学生的罢课宣言："今天饥饿迫使我们不能沉默。今天为了千千万万在死亡边缘挣扎的人民，为了在内战炮火下忍受饥饿的全国同胞，我们不得不放下了我们的书本。……一切根源在于内战。内战不停，饥饿将永远追随人民。"

与此同时，北平市政府对学生的镇压也紧锣密鼓地展开了。军警肆无忌惮地在学校逮捕进步教师和学生，警察局还组织了海淀政府的"人民服务大队"。这些都是被保长挨家挨户抓来的壮丁，每人发一根木棒，号称"棍儿兵"。市政府发出逮捕进步学生的通令之后，清华园被反动军警和"棍儿兵"包围了数日。而校园被围之日，清华园内粮菜来源随即被切断，校内的学生和住在园内的教授们只能靠一点咸菜和几个辣椒过日子。

此时，林徽因家里的日子也是举步维艰。多年的战争洗礼再加上到处奔波。生活本就捉襟见肘，如今赶上国内形势恶劣，生活更如雪上加霜。

1947 年夏天，在欧洲战场的萧乾从上海来北平探望老友林徽因。见面后，萧乾讲起了他们在昆明分别后的经历。

萧乾从他初到英伦时讲起。当时德军已吞并了奥地利和捷克，欧洲局势剑拔弩张，一场大战迫在眉睫。这期间，伦敦大学东方学院邀请萧乾到该院中文系做讲师，经于道泉推荐，邀萧乾前往担任。《大公报》总编辑胡霖也很高兴，他设想萧乾可先去东方学院教书，同时注意欧战动态，给《大公报》撰写稿件。

萧乾又讲起了欧战开始的遭遇。那时候，伦敦大学已由剑桥搬回伦敦，正好赶上德军飞机长达一年的大轰炸。萧乾谈起他目睹过的英军和德军的空战。

林徽因说："英格兰民族就是这样天生的幽默和乐观，我在英国读书时，跟克伯利克先生一家去南海边度假，路上克伯利克让人偷走了放钱的手提箱，那老先生耸耸肩说，火车还没下，帮忙提箱子的人早上来了。"

萧乾说："德军飞机那天轮番轰炸的时候，钢琴家缪拉·海斯和一批英国音乐家却在市中心国家艺术馆举办'午餐时间音乐会'。我常到那去，花上一个先令，买张入场券，一边啃面包，一边听优美的音乐，而窗外却是炸弹声和高射机枪声。一个民族的心理素质，将决定这个民族的前途，这是我体会最深的一点。"

萧乾还谈到他在一个读诗会上见到大诗人艾略特的情景，接着又讲了他以驻英国专职特派员的身份奔赴前线采访的经历。在战场采访中，他遇到了作家海明威。在第一次世界大战期间，海明威自愿参加救护队，充当驾驶员，在意大利战场受过重伤。"二战"期间，他曾到中国采访。在欧洲战场上，他像一名战士一样，直接参加了反法西斯的斗争。海明威曾在解放巴黎的战斗中悄悄离开部队，组织起一支游击队，在凯旋门附近歼灭德军，救了千百个法国人的生命。巴黎战役结束后，海明威因私自参战而被送上军事法庭。萧乾见到海明威的时候，那个著名的大作家正在一个酒吧间里独自饮酒。

林徽因听了萧乾如此多彩壮阔的经历，颇为失落，说：“提起来真让人伤心，那个时候，我病在李庄。天津发了大水，我们撤退前存放在天津英租界英资银行保险库中的图片和资料，涨水后全部被淹毁了，这是我们积累了多少年的心血和汗水啊！听到那个消息，我跟梁思成抱头痛哭，把孩子和妈妈也都吓坏了。”

他们整整长谈了一天。林徽因也讲了他们一家在云南、四川的离乱生活。他们各自满怀着希望盼望抗战的胜利，但中国的现状又让人感到深深的忧虑。他们甚至不知道如何去面对茫然的未来之路，唯有沉默。

不久，林徽因为清华大学设计教师住宅，并接受校外的设计任务。1948 年 5 月，她在《文学杂志》发表了《病中杂诗》9 首。同年底，清华大学所在的北平郊区解放了，解放军包围了古都北平。林徽因夫妇想到城内无数巍峨壮观、雕梁画栋的古建筑也许将毁于战火，夫妻俩忧心忡忡，寝食难安。

1949 年初，两位解放军同志来到林徽因家，摊开军用地图，要求他们用红笔圈出北平所有重要文物古迹的位置，以便万一大军被迫攻城时尽可能予以保护。这让他们十分感动，也因此消除了对共产党的疑虑。他们立即应解放军的请求，编写《全国文物古建筑目录》，此书后来演变成为《全国文物保护目录》。

1950 年，林徽因受聘为清华大学一级教授，被任命为北京市都市计划委员会委员兼工程师，梁思成是这个委员会的副主任。夫妇二人对未来首都北京的建设充满了希望与憧憬。他们曾着力研究过北京周围的古代建筑，并合著《平郊建筑杂录》一书，其中有一段精彩的表述：

北平郊区近二三百年间建筑物极多，偶尔郊游，触目都是饶有趣味的古建……无论哪一个巍巍的古城楼，或一角倾颓的殿基的灵魂里，无形中都在诉说或歌唱时间上漫不可信的变迁。

这不像是理论研究书籍中的文字，简直是为北京地区的古建筑唱的一首情真意切的赞美诗。在他们眼中，那些饱经沧桑的亭台楼阁、寺庙塔院也有其灵魂，它们在为昔日的繁华吟咏着缠绵悱恻的挽歌，它们是神秘的历史最可信赖的证物。

文字取暖

1931 年春天，林徽因移居北平西郊香山疗养。朋友们时常来探视她，其中有冰心、凌叔华、沈从文这样活跃于文坛的作家，也有金岳霖、张奚若、罗隆基和张歆海、韩湘眉夫妇这些不在文坛圈内的朋友。

林徽因静心养病期间，有了较多时间去阅读文学书籍，也就在此时，在优美的环境和冰心、凌叔华的感染下，林徽因开始了文学创作。此前她只在 1924 年《晨报副镌》发表过一篇王尔德童话《夜莺与玫瑰》的译文。其中，《谁爱这不息的变幻》是她最早发表的几篇作品之一：

谁爱这不息的变幻，她的行径？
催一阵急雨，抹一天云霞，月亮，
星光，日影，在在都是她的花样，
更不容峰峦与江海偷一刻安定。
骄傲的，她奉着那荒唐的使命：
看花放蕊树凋零，娇娃做了娘；

叫河流凝成冰雪，天地变了相；
都市喧哗，再寂成广漠的夜静！
虽说千万年在她掌握中操纵，
她不曾遗忘一丝毫发的卑微。
难怪她笑永恒是人们造的谎，
来抚慰恋爱的消失，死亡的痛。
但谁又能参透这幻化的轮回，
谁又大胆的爱过这伟大的变幻？

1936 年 9 月，为了纪念《大公报》文艺副刊创办 10 周年，萧乾回到北平，举办了全国性文艺作品征文，请当时有名的作家担任评委，包括叶圣陶、巴金、杨振声、朱自清、朱光潜、靳以、李健吾、林徽因、沈从文、凌叔华，这些评委主要是京沪两地的作家。此时，林徽因选编的《大公报文艺丛刊小说选》，到了最后审定阶段。这部小说选是林徽因受萧乾之托编辑的。也是在这次聚会上，萧乾与林徽因等商定了这本书的选目和序言，在所选的 30 篇作品中，有蹇先艾的《美丽的梦》，萧乾的《蚕》《道旁》《小蒋》，宋翰迟的《一点回忆》，祖文的《避难》，李同愈的《报复》，沈从文的《箱子岩》《一九三四年一月八日》《一个戴水獭皮帽子的朋友》《过岭者》，杨振声的《报复》，卢焚的《阴影》，叔文的《小还的悲哀》，杨宝琴的《疯子》，沙汀的《乡约》，前羽的《享福》，徐转蓬的《失业》，老舍的《听来的故事》，寒谷的《伍四嫂》，李健吾的《书呆子》，季康的《路路》，隽闻的《这年头》，李辉英的《驿路上》，程万孚的《求恕》，凌叔华的《无聊》，张天翼的《善举》，威深的《黎明》，刘祖春的《荤烟划子》和林徽因的《模影零篇》。

这些有的是已经出名的作家，如沈从文、杨振声、李健吾、凌叔华、老舍、张天翼、沙汀；也有些是文坛上的新生面孔，如徐转蓬、李辉英、寒谷、威深、程万孚等。这本小说选交由上海良友图书公司出版后，受到读者欢迎，很快售罄。

从 1937 年起，京派作家为了重振徐志摩逝世后的文学活动，由胡适和杨振声组织筹办了一个《文学杂志》，由朱光潜担任主编，编委会多是朱光潜家谈诗会的成员：林徽因、杨振声、沈从文、周作人、俞平伯、朱自清等。《文学杂志》主张文艺自由独立，提出“中国新文化要走的路宜宽阔些，丰富多彩些，不宜过早狭窄化到只准走一条路”。

《文学杂志》的第一卷一至三期连载了林徽因的 4 幕剧本《梅真同他们》，由于抗日战争爆发，刊物停办，剧本只载到第三幕。1947 年 6 月 1 日，出版复刊号第二卷第一期，1948 年出版第三卷第六期后停刊，前后共出版 22 期。林徽因的许多诗歌作品，也发表在《文学杂志》上。

在频繁的文学活动中，林徽因的创作也进入了高潮。

林徽因的小说处女作《窘》，显示了其出众的文学素养。这篇小说，发表于《新月》月刊第三卷第九期。小说通篇 10000 多字，描写了一个步入中年的知识分子维杉，在现实生活中所经历的来自经济和精神的双重压力。林徽因在这篇小说中，首次提到了“代沟”这个概念，通过细腻的文笔描述着主人公的心理活动。这篇小说的深刻之处在于，林徽因用自己独特的视角和想法，写出了整整一代人的生存尴尬，生活之“窘”。这其中有来自社会的、历史的、道德的、观念的原因，但最本质的还是那道无处不在的“代沟”。

《九十九度中》是林徽因的一部重要作品，在叶公超主编的《学文》杂志创刊号发表后，立刻引起了较大的反响和同代作家的注意。小说通篇在透露着“热闹”“奔波”：人热热闹闹地祝寿，热热闹闹地娶媳妇；相对应的，生活在社会底层的挑夫、洋车夫整日为生活奔波，为读者展示了一幅民生疾苦、世间百态的景象，充满了寓意和象征。小说的结尾是颇有深意的：

报馆到这时候渐热闹，排字工人流着汗在机器房里忙着。编辑坐到公事桌上面批阅新闻。本市新闻由各区里送到；编辑略略将张宅名伶送戏一节细细看了看，想到方才同太太在市场吃冰淇淋后，遇到街上打架，又看看那段厮打的新闻，于是很自然地写着“西四牌楼三条胡同卢宅车夫杨三……”，新闻里将杨三、王康的争斗形容得非常动听，一直到了“扭区成讼”。

再看一些零碎，他不禁注意到挑夫霍乱数小时毙命一节，感到白天去吃冰淇淋是件不聪明的事。

李健吾先生给予该小说以很高的评价。他说：“一件作品或者因为材料，或者因为技巧，或者兼而有之，必须有以自立。一个基本的起点，便是作者对于人生看法的不同。由于看法的不同，一件作品可以极其富有传统性，也可以极其富有现代性。

“在我们过去短篇小说的制作中，尽有气质更伟大的，材料更事实的，然而却只有这样一篇，最有现代性；唯其这里包含着一个个别的特殊的看法，把人生看作一根合抱不来的木料，《九十九度中》正是一个人生的横切面。在这样一个北平，作者把一天的形形式式披露在我们眼前，没有组织，却有组织；没有条理，却有条理；没有故事，却有故事，而且有那样多的故事；没有技巧，却处处透露匠心。……一个女性细密而蕴藉的情感，一切在这里轻轻地弹起共鸣，却又和粼粼水波一样轻轻地滑开。”

1934 年林徽因去浙南宣平考察，归途中经过上海，见到她的大表姐。后来，林徽因病重，写信给大表姐，大表姐接到信后，因为知道林徽因已病得很重，就来到北平照顾她。时隔半个月，大表姐要离开，那天晚上，林徽因把无限的心声化作这首诗——《写给我的大姊》：

当我去了，还有没说完的话，
好像客人去后杯里留下的茶；
说的时候，同喝的机会，都已错过，
主客黯然，可不必再去惋惜它。
如果有点感伤，你把脸掉向窗外，
落日将尽时，西天上，总还留有晚霞。

一切小小的留恋算不得罪过，
将尽未尽的衷曲也是常情。
你原谅我有一堆心绪上的闪躲，
黄昏时承认的，否认等不到天明；
有些话自己也还不曾说透，
他人的了解是来自直觉的会心。

当我去了，还有没有说完的话，

像钟敲过后，时间在悬空里暂挂，
你有理由等待更美好的继续；
对忽然的终止，你有理由惧怕。
但原谅吧，我的话语永远不能完全，
亘古到今情感的矛盾做成了嘶哑。

在苦闷艰难的日子里，写诗是林徽因唯一的慰藉，仿佛只有用诗句才能把心绪一一说尽。她还写了许多其他的诗作，如《六点钟在下午》《人生》《展缓》《小诗》《恶劣的心绪》等。如在诗作《展缓》中，表达了她对生命的解读——

当所有的情感
都并入一股哀怨
如小河，大河，汇向着
无边的大海，——不论
怎么冲急，怎样盘旋，——
那河上劲风，大小石卵，
所做成的几处逆流
小小港湾，就如同
那生命中，无意的宁静
避开了主流；情绪的
平波越出了悲愁。

在《小诗》中，表达了她对命运的困惑和迷茫：

感谢生命的讽刺嘲弄着我，
会唱的喉咙哑成了无言的歌。
一片轻纱似的情绪，本是空灵，
现时上面全打着拙笨补丁。

肩头上先是挑起两担云彩，
带着光辉要在从容天空里安排；
如今黑压压沉下现实的真相，
灵魂同饥饿的脊梁将一起压断！

我不敢问生命现在人该当如何
喘气！经验已如旧鞋底的穿破，
这纷歧道路上，石子和泥土模糊，
还是赤脚方便，去认取新的辛苦。

入秋后，天气转凉，林徽因的身体状况比先前有所好转。她被安排在西四牌楼的中央医院里，在这里，到处充斥着白色和肃静，没有生机，没有欢笑，这种生活对于林徽因是一种煎熬。在这个时期，林徽因创作了《恶劣的心绪》——

我病中，这样缠住忧虑和烦忧，
好像西北冷风，从沙漠荒原吹起，
逐步吹入黄昏街头巷尾的垃圾堆；
在霉腐的琐屑里寻讨安慰，
自己在万物消耗以后的残骸中惊骇，

又一点一点给别人扬起可怕的尘埃！

吹散记忆正如陈旧的报纸飘在各处彷徨，
破碎支离的记录只颠倒提示过去的骚乱。
多余的理性还像一只饥饿的野狗
那样追着空罐同肉骨，自己寂寞的追着
咬嚼人类的感伤；生活是什么都还说不上来，
摆在眼前的已是这许多渣滓！

我希望：风停了；今晚情绪能像一场小雪，
沉默的白色轻轻降落地上；
雪花每片对自己和他人都带一星耐性的仁慈，
一层一层把恶劣残破和痛苦的一起掩藏；
在美丽明早的晨光下，焦心暂不必再有，——
绝望要来时，索性是雪后残酷的寒流！

此时此刻的林徽因内心是多么无奈和绝望，她似乎已经感觉到自己的生命已经接近尾声。林徽因的生命是热烈的，生活是多彩的，一个习惯了笑声和热情的人，面对生命的流逝，颇多无奈和感慨。历经战火纷飞的流离，饱受物质贫乏的困苦，而今又经历病痛折磨，林徽因无以寄托，只能以诗词诉情怀，文字成了她难以割舍的慰藉。

城与墙

1949年1月，北平和平解放。随着新年的鞭炮声响起，崭新的生活开始了。鉴于梁思成、林徽因是对古建筑素有研究的专家，对全国古建筑情况最为熟悉，党中央为了在解放战争中更好地保护文化遗产，于是再次派人到清华大学找到梁思成、林徽因。

梁思成依据他多年实地考察取得的资料，在第一时间召集了建筑系的部分教师和学生，发动大家共同收集与建筑有关的文献记载。大家协同合作，废寝忘食，从资料搜寻、分析到刻钢版、折纸页、装订，都像当初出版营造学社七卷汇刊那样，通过手工工作，在一个月的时间内，完成了厚厚的《全国重要文物建筑简目》这本书。

在这本《全国重要文物建筑简目》中，被列为国家一级保护的古建筑包括北京城、故宫、敦煌、云岗、龙门诸石窟、山东曲阜孔庙等，条目上方都加注了4个小圈，大家都戏称为“四星将”。次之的3个小圈，以此类推。总计条目超过450条，重要加圈的就近200条。条目下附有详细所在地点、文物性质、建造和重修年代，以及特殊意义和价值等。

林徽因对全书的条目逐一做了审核，并建议在说明中特别指出："本简目主要的目的，在供人民解放军作战及接管时保护文物之用。"1949 年 6 月，《全国重要文物建筑简目》由华北高等教育委员会图书文物处出版发行，分发给各路解放大军，成为在战火中保护文物免遭破坏的依据。

这年春天，北平各大学的文科学生纷纷参加南下工作团，宝宝和张奚若的女儿张文英也报名参加了。宝宝离开家的时候，建筑系的教师们一起来梁家为她送行。

宝宝穿着厚厚的棉军服，腰里扎着皮带，头上戴了一顶军帽，小弟拿着一架照相机为人们拍照。林徽因在送行的人群中，娓娓地嘱咐着宝宝，难掩不舍。

1949 年，在迎来新气象的清华园里，林徽因担任建筑系一级教授，主讲市政设计课。清华大学建筑系设在旧水利馆二楼，最初开办时只有 20 人，当时也不过三五十人。建筑系从 1948 年就成立了市政组，开设了市政设计课，可以说是国内最早的城市规划设计雏形。

林徽因主讲住宅设计专题，她很注重适应战后恢复城镇建设的需要。她从人对阳光、水、绿化植被、鲜花、林石的需要，讲到人与人、人与建筑、人与自然之间的情感；从园林艺术的空间关系，讲到四合院的结构语言；从苏轼的"东风袅袅泛崇光，香雾空蒙月转廊。只恐夜深花睡去，故烧高烛照红妆"，讲到民居的缘情作用、精神功能和感情色彩；进而从北京城市的发展，讲到城镇规划的基础、城市交通、市政工程和城市绿地。原本生硬的建筑课程在林徽因的演绎讲授下，变成了一门多彩的人文艺术课程。

1949 年以后，梁思成担任了北京市都市计划委员会副主任。他受中央领导委托，负责北京城区的规划方案，中央领导同志委托他组织人员对北京城区的规划进行研究，并成立了研究小组，他的生活随之日渐忙碌起来。林徽因家的茶会又有了许多新的客人，这些人大多是梁思成从外地调来的青年建筑学家，他们为了北京市的都市规划聚在一起，有陈占祥、程应铨、朱畅中、胡允敬、汪国瑜、戴念慈等。在此期间，大家每天聚在一起，有时从下午一直谈到深夜，聊得最多的还是新北京的规划问题。

在茶会上，大家把每个方案都展开来热烈的讨论。林徽因一如既往地成为茶会的主角。她谈了“多核同心圆”城市、“潜在带形”城市、“集成化”城市、“星座式城市群”，还谈了柯布西埃和尼迈亚。她主张：“一个城市应该是个美的整体，它的形象语言所表达出来的思想，是十分清楚的，建筑并不只是纯形式的美，它的思想性、伦理性和感情色彩，对于艺术性的欣赏来说是一种压倒一切的精神力量。这种精神力量，并不亚于物质功能，它有一种进取精神，有着更大的生命力。一个伟大的时代已经开始，这个时代应该拥有体现时代精神的作品。建筑作为人们生活、活动的物质对象，显然应该随着社会和人们的生活、活动的变化而变化。建筑作为一个审美对象，随着新时代的到来，人们对建筑艺术的理解和审美要求，也将会改变。”

在林徽因看来，北京的许多名胜古迹，如故宫、天坛、中海、南海、北海、颐和园、玉泉山，以及西山一带的风景区和休养区，应该用一些河流和林荫大道把它们串联起来，成为一个绵延不断的公园系统。这座城市的每一条大街，每一条河道，都应该成为公园的一部分。

大家谈起北京的古城墙时，提及当时社会上很多人主张拆掉，林徽因则不以为然，她说："我们为什么不在城墙上修路做公园呢？这样既保护了古建筑，又利用了古建筑，这不是两全其美吗？美这个东西来自社会现实，没有美社会现实就不可能发展得和谐，所以它又是社会文明的灵魂。它形象地教育着人们，使人类走向进步。"

大家争论得很热烈的时候，有一个安静的姑娘，默默地坐在角落里，认真地听着大家的争论。林徽因转过身来叫着她的名字："林洙，你也来谈谈看法。"

林洙腼腆地说："我觉得你们说的都有道理。"

林徽因说："你可以大胆地谈谈自己的看法，你不是平时谈得挺好吗？"

林洙，原籍福建闽侯，成长在云南，后来在上海读完中学，1948 年跟哥哥来北平投考清华大学先修班，3 年后在北京参加工作。林徽因病逝后，1962 年林洙同梁思成结婚，成为他生活上、事业上的得力助手。

当时，梁思成和陈占祥已经初步设计出了一个北京新城的规划方案。方案中，他们主张把新市区移到复兴门外，将长安街西端延伸到公主坟，以西郊三里河作为新的行政中心，把钓鱼台和附近湖泊组织成新的绿地和公园。这个方案由梁思成和陈占祥联名写成《对首都建设的建议》一文，刊印成册后报送中央领导同志审阅待批。

万象更新的新国家、新政局，让林徽因重新看到了希望，她无法再缠绵于病榻消耗时光，她要将自己在建筑方面的知识和能力贡献给国家，她每天不顾病痛投身在收集材料的忙碌工作中。在资料收集过程中，林徽因偶然发现了苏联窝罗宁教授所著的《苏联卫国战争被毁地区之重建》一书，欣喜若狂。她要和梁思成赶快把这本书翻译出来，这正是目前中国所需要的。

林徽因在译者体会中写道：

从这本书里，我们愤怒地看到了德国法西斯几番在苏联绝灭人性的破坏，较比日寇在中国之暴行有过之无不及，曾几何时，德、日法西斯和美国法西斯强盗及其帮凶们又在我们手足之邦，向所有的城市、乡村和爱好和平英勇不屈的朝鲜人民进行同样灭绝人性的破坏和屠杀。苏中两国人民在八九年前、十余年前所面临的正与朝中两国人民今天所面临的敌人是一模一样的。而且今天的强盗吸收了昨天的强盗的经验，是“青出于蓝”，变本加厉的。负责重新设计平壤的朝鲜建筑师金正熙同志告诉我们，平壤今天已真正成为一片“平壤”；将来重建平壤就同重建斯大林格勒一样艰巨。

一整个区域因为战争的破坏而发生了政治、经济、地理上的大变动时，他们就有计划地迁移整个村庄乃至市镇，使这属于区域城乡规则范围的布置更合理了。整个城市被洗劫了，他们就将整个城市有计划地重建起来，且在建中修正了过去的缺点。至于个别的建筑物就更不用说了。这一切计划不只在平面上区分、筑路，而且有立体上予以同样缜密的考虑；不只是关于经济的、生产的、居住的，而且是关于文化的、娱乐休息的；不只是房屋建筑的、街道桥梁和公用设备工程方面的，而且是关于山林园苑、池沼溪河、树木花草种种方面的部署的；不只蓝图和施工说明书的，而且是材料的生产、分配和运输，以及人力的组织和分配的各方面的努力。这种全面计划和组织工作就是准备期间最主要的工作。

“重建工作必须考虑到民族传统，把它融汇到新计划之中，把它和新兴的、现代标准所需要于建筑的各方面调和起来……”“建筑师必须考虑到个别地区的生活的历史传统和建筑传统，在他的设计中保留一切合理的和有历史价值的……他所计划的市镇或村庄还必须构成自然地形成风景中的一部分”（第二章）。“计划必须同时考虑到居民的习惯和苏维埃人民在文化和美感上的要求……需要建筑师做出高度艺术价值的图样，城市的整体必须与当地的地形和风景相和谐”（第四章）。由作者所举许多实例中，我们可以看到苏联的建筑师们在重建一个市镇时如何小心翼翼地从原有基础上发展，同时又有远见地将原有不合理的、错误的加以改正和“现代化”。

我们的中国是一个具有五千年灿烂文化历史的国家。差不多任何一个中国的市镇都有数百年乃至数千年的文物。我们有伟大优良的都市计划传统和建筑传统；除去几个大都市外，全国所有的市镇，那就是全国百分之九十以上劳苦人民现在所正在居住的，并且所正在继续不断地建造的市镇和房屋正是遵循这伟大优良的传统建造的。但是今天中国的建筑师们，无一例外地（译者们在内）都是直接或间接由外国学来的。年长一点的由学习古希腊、罗马，文艺复兴开始，年轻一辈的学习资本主义理论的体系结晶，即所谓“功能主义”（机械唯物主义）的“现代化”或“国际式”（世界主义式）流派。我们在这前后两种毒素中酣醉了数十年。

翻译这本著作的过程艰难而又充满挑战，《苏联卫国战争被毁地区之重建》这本书在伦敦出版已经 7 年，林徽因和梁思成是从英文转译成中文的。全部翻译工作结束的时候，已经是新的一年的开始了。在此期间，寒冷的北方，暖气设施和其他物质条件颇为简陋，加之工作内容艰巨，作息饮食不规律，林徽因的身体也是每况愈下。

情系国徽

北平和平解放后，林徽因受聘为清华大学建筑系教授，讲授中国建筑史课程，并为研究生开“住宅概论”等专题课。从1949年9月到1950年6月，她与清华大学建筑系的几位教师一起完成了中华人民共和国国徽图案的设计任务。

1949年7月10日，中华人民共和国成立前夕，新政治协商会议筹委会在《人民日报》等各大报刊，刊登了公开征求国旗、国徽图案及国歌词谱的启事，征稿截止日期为8月15日。梁思成和林徽因领导了清华大学国徽设计组的工作。同时，梁思成还担任了国旗、国徽评选委员会顾问。截止到国徽征稿结束时，已收到了全国各地、包括海外侨胞设计的900多件图案，但这些作品均未被选用，政协筹委会决定把设计国徽的任务交给清华大学和中央美院。

梁思成从新政协筹委会国旗国徽评委会上带回了国徽图案参考资料，那是从上千件应征作品中遴选出来的。梁思成把国徽参考资料带回来一一摆在桌子上，大家认真评论着。有些图案明显是模仿外国的国徽局部构图，有些图案则色彩过于花哨，很不庄严。

其中有一个图案，上方画了一个鲜红的太阳，下面是蓝色的海洋，还有两只白色的海鸥在海面上飞翔。林徽因看了一眼说："天哪！这简直是阴丹士林商标。"

朱畅中说："七折大拍卖。"

大家都笑了起来。

在这些应征的稿件设计中，像商标的并不鲜见。基于此，林徽因和大家讨论起国徽和商标的区别来。林徽因说："国徽是一个国家的标志，它体现的是一个民族的历史，一个国家的意志，一个政党的主张。中国的国徽要有中国的特征，政权的特征，形式也要庄严富丽，应该表现中国人民的自豪感。商标只是商品的标志，它只具有商品注册的意义，这是两个完全不同的概念。我们必须加以区别。"

林徽因找出一些国家的国徽，指点给大家看："你们看这个国徽，是爱尔兰的，画面上的这只红色的右手，象征着这个国家的一个古老的传说。大约在 3000 年前，两个来自欧洲大陆的人，各自率领部下，分乘两艘大船，同时向爱尔兰进发，他们事先约定，谁的手先摸到爱尔兰的土地，谁就是国王，两艘船接近海岸时，落在后头的那一位，眼看王位就会被别人拿到了，急中生智，拔刀砍下自己的右手，把血淋淋的断手扔到岸上，因此他成了这个国家的国王。你们再看这个国徽，图案设计很奇特，上面还写着激励人意志的格言。比利时的写着'团结就是力量'。写着'团结和信心'的是尼日利亚的。尼泊尔的国徽上这行字是'祖国比天堂还宝贵'。下边的这几个图案，反映了本国的自然资源、独特物产。澳大利亚的国徽，左边是一只袋鼠，右边是一只鸸鹋。孟加拉的国徽，是数片黄麻叶子图案，这个国家盛产黄麻。罗马尼亚有丰富的石油资源，所以它的国徽上，有顶天立地的钻塔。尼泊尔是高山之国，因此他们的国徽图案是一片崇山峻岭。”同时，林徽因还找了一些古代的铜镜、玉环、玉璧等工艺美术作品，作为参考资料，从中启发灵感。

梁思成传达了国徽审查小组要求在国徽图案中有天安门图像的意见。这一构想得到了林徽因的大力赞同，她立刻派朱畅中去画天安门的透视图。当初的营造学社收藏有测绘天安门建筑的图纸，有百分之一比例和二百分之一比例的天安门立面、平面、剖面图。当时在北京其他单位要找这样的图纸是不可能的，能够保留这么完整的资料是多么不易。

林徽因特别关照朱畅中说：“在国徽图案中采用天安门立面图，可以使比例尺寸严格正确，同时在视觉上可以让人感到天安门广场的广阔深远。”她还建议，把两个华表向左右方向拉开距离，这样有整体上的开阔感，构图也比较稳定。

无数张图纸，带着无数的争论，国徽的设计思路越来越明朗了。林徽因始终主张国徽应该放弃多色彩的图案结构，采用中国人民千百年来传统喜爱的金红两色，这是中国自古以来象征吉庆的颜色，用于国徽的基本色，不仅富丽堂皇，而且醒目大方，具有鲜明的民族特色。

在清华大学营建系国徽小组的设计室房间内灯火通明，大家都在彻夜赶工，林徽因和她的助手包括李宗津、莫宗江、汪国瑜、胡允敬、张昌龄、朱畅中、罗哲文等围着一张桌子，热烈地讨论着。满桌子满墙壁都是他们画出来的国徽草图。此期间，宝宝从南方回来探家，进门时大为诧异，往日整洁有序的家，现在像个大作坊，到处都是资料和图纸，墙上、桌上甚至在地上都堆放着，几乎无法行走。更使她惊讶的是，往日虚弱无力的母亲，此时却精神饱满，干劲十足。

清华小组先后做了二三十个正式完成的国徽图案，陆续送政协国徽审查小组和中央领导同志审阅。6 月，经过 3 个多月的昼夜奋战，一枚定型的国徽图案终于诞生了。迎接终评的前一天，林徽因和大家都很兴奋，但也有隐隐不安。确定评选方案的那天，梁思成和林徽因都病倒了，于是让兼任秘书工作的朱畅中去参加评选会议。林徽因一遍遍叮嘱着："畅中，我等候你的消息，评选结束了，多晚也要赶回来。"

评选会议在中南海怀仁堂举行。会议厅的中间墙上挂着两个国徽图案。左边的是清华方案，图案外圈环以稻麦穗，下端用红绶带缩接在齿轮上，国徽中央部分和下方是金色浮雕的天安门立面图，上方绘有金色浮雕的五星，衬在红色的底子上，如同天空中飘展的五星红旗。整个图案左右对称，庄严肃穆。右边挂的是中央美院的方案，天安门的图像是一幅彩色的风景画，天安门形象一头大、一头小、一头高、一头低，有强烈的透视感，华表只画一个，立在一侧，碧蓝的天空，金色的琉璃瓦，红柱红墙，加上金桥的白石栏杆和白石华表，铺地的大石块依稀可见，石缝里还画着青草。

会场中间排列着三四排沙发椅，参加评议的委员们在两个国徽之间穿梭着，热烈地争论着。朱畅中忐忑不安，紧张不已。

正在这时，周恩来总理来了。总理和大家亲切地打过招呼之后，走到两个图案前，仔细地审视着。过了一会儿，他让大家发表意见。

田汉说：“我认为中央美院的方案好，透视感强，色彩比较明朗。”许多委员也都赞成田汉的意见。

张奚若站起来说：“我认为清华大学的方案好，有民族特色，既富丽，又大方，布局严谨，构图庄重，完全符合政协征求图案的3条要求。”

周总理注意到了中间靠右边沙发上的李四光，他走到李四光座位旁边问：“李先生，你看怎样？”

李四光沉思片刻，右手指着清华大学的方案说：“我看这个有气魄，有中国特色。”

周总理再次走到两个图案前，看了一会儿，转过身去，再次让大家发表意见，多数委员都赞成清华大学的方案。

周总理说：“那么好吧，我也投清华一票。”

朱畅中的一颗心像要跳出胸膛，激动得无与伦比，他真想飞跑出去给林徽因打电话，让她立马知道这个好消息。

周总理说：“清华的梁先生来了没有？”

张奚若回答：“梁先生和林夫人都病倒了，清华小组的秘书来了。”又叫道：“小朱到前头来。”

周总理把朱畅中叫到他们的图案前指点着问：“这是什么？”

朱畅中回答：“这是稻穗。”

“能不能向上挺拔一些？”周总理比画着。朱畅中回答：“稻穗下垂是表示丰收，向上挺拔，可以改进。”

周总理说：“稻穗向上挺拔，可以表现时代的精神风貌嘛，从造型上也更为美观。1942年冬天，宋庆龄同志在她的寓所为欢送董必武同志返回延安举行的茶话会上，桌上就摆着重庆近郊农民送来的两串稻穗，被炉火映得金光灿灿，当时有人赞美这稻穗像金子一样。宋庆龄说：‘它比金子还宝贵，中国人口百分之八十都是农民，如果年年五谷丰登，人民便可以丰衣足食了。’当时我就说，等到全国解放，我们要把稻穗画到国徽上去。”

会场中，有的委员提出，中央美院是受邀请设计国徽的，他们的方案虽然未被选中，但是他们付出了努力，建议也发给设计奖金。

周总理说：“可以嘛，奖金的款项请财政部部长李先念同志解决。”

评选结束后，已是深夜，朱畅中急忙赶回了清华大学把好消息告诉大家。

张奚若说：“你们回去讨论一下周总理的指示，一两天内画好正式图纸，送政协全体会议审查。”

第二天，林徽因和梁思成立即组织国徽小组研究讨论周总理的指示，大家群情激奋，只用了两三天的时间，就完成了修改任务，重新画了大幅国徽图案。在图纸上首，林徽因用红纸剪了“国徽”两个字，图的下方写了“国徽图案说明”：

“国徽的内容为国旗、五星照耀下的天安门、齿轮和麦稻穗，象征着中国人民自五四运动以来的新民主主义革命斗争和工人阶级领导的以工农联盟为基础的人民民主专政的新中国的诞生。”

修改后的国徽图案立即送往中南海。1950 年 6 月 23 日，全国政协一届二次会议召开，林徽因被特邀参加了这次会议。会上，在毛主席提议下，全体代表起立，以鼓掌的方式通过了由梁思成、林徽因主持设计的国徽图案。当掌声在大厅里回荡的时候，林徽因激动得热泪盈眶。政协会议之后，林徽因和梁思成以及设计组人员又对国徽细部做了一些技术上的修改，由高庄把平面国徽雕塑成立体模型。

1950年9月20日，中央人民政府主席毛泽东，发出了公布国徽图案的命令：

中国人民政治协商会议第一届全国委员会第二次会议提出的中华人民共和国国徽图案及对该图案的说明，业经中央人民政府第八次会议通过，特公布之。

此令

主席　毛泽东

1950年9月20日

这一年，林徽因被任命为北京市都市计划委员会委员兼工程师。

中华人民共和国的第二个国庆日，久病虚弱的林徽因由梁思成、莫宗江陪同来到天安门金水桥头，仰望着天安门城楼上悬挂的国徽，只见它在阳光下熠熠生辉，林徽因激动不已，纵使历尽艰辛，终究成就斐然，内心安然满足。

山雨欲来

1949年秋天，毛泽东主席为人民英雄纪念碑的奠基填了第一抔土。1952年由梁思成和雕塑家刘开渠主持纪念碑的设计。参加设计工作的林徽因被任命为人民英雄纪念碑建筑委员会委员。此时的她已经卧病在床，在起居室兼书房里，她安放了两张绘图桌，与她的病室只有一门之隔。

梁思成每天奔走于城里和清华园之间。在早晨进城之前，他先与林徽因共同制订出一天的工作计划，由助手执笔，随时拿到床前由林徽因指导修改。她的助手是建筑系应届毕业生关肇邺。林徽因主要承担的是纪念碑须弥座装饰浮雕的设计，从总平面规划到装饰图案纹样，她认真推敲，反复研究。每绘一个图样，都要逐级放大，从小比例尺全图直到大样，并在每个图上绘出人形，保证正确的尺度。在设计风格上，林徽因主张以唐代风格为依托，搜集各方资料，跟助手逐一分析，仔细斟酌，评论优劣。

林徽因曾说："盛唐文化是中国历史上的华彩乐段，显示着时代风貌和社会形态。‘霓为衣兮风为马，云之君兮纷纷而来下。虎鼓瑟兮鸾回车，仙之人兮列如麻。’这是何等气派！任何艺术从气势和风度讲，显然应该和社会时代相一致。秦汉雕塑以阳刚之美为主，体现了积极进取的生命力量，而唐代雕塑则刚柔并济，同时吸收了南朝文化的精致、细腻、华美的自然灵气。秦汉雕塑在空间造型上讲究体积的庞大，气势的充沛，以大为美，以充实为美，而唐代雕塑则是浑厚中有灵巧，粗犷中有妩媚，豪放中有细腻，凝重中有轻盈。秦汉雕塑表现为物质世界的扩张和征服，唐代雕塑同时还讲这种扩张和征服与内心世界的刻画相统一。唐代雕塑代表着完满、和谐，在‘比德’和‘畅神’方面都做出了努力，基本上完成了中国古代文化艺术的结构体系。这些正是我们要借鉴的。唐代艺术具有与欧洲文艺复兴类似的人文主义特点，能更好地表达人民对英雄的歌颂与怀念。”经过再三权衡，他们最后选定了一种以唐风为主的风格。

两个月的时间，林徽因和关肇邺画了数百张图案，最后选定了以橄榄枝为主体的花环设计。在选用装饰花环的花卉品种上，他们颇费心思，最初选用了英雄花——木棉花，经咨询花卉专家，得知木棉树并非中国原产，随后放弃这一构想。在上千种花卉中，他们最后选定了牡丹、荷花和菊花，象征高贵、纯洁和坚韧。须弥座正面设计为一主两从三个花环，侧面为一只花环。同基座的浮雕相互照应，运用中国传统的纪念性符号，如同一组上行的音阶，把英雄的乐章推向高潮。

1953 年，在完成了景泰蓝抢救工作以后，林徽因的身体又一次垮了下来，病情的加重正消耗着她最后的生命热度。药物已无法奏效，每到寒冬，她的病情就愈加严重，只能保持居室的温度。即使是一场感冒，对林徽因来说也是致命的。每到秋天，梁思成就要用牛皮纸把林徽因居室的墙壁和天花板全都密密麻麻地糊起来，数个火炉也早早开始工作。这年10月，中国建筑学会成立，梁思成被推举为副理事长，林徽因被选为理事。同时二人还兼任了建筑研究委员会委员。

林徽因、梁思成对祖国首都北京的未来建设充满了美好的憧憬和信心。他们一心希望将北京这“都市计划的无比杰作”，作为当时全世界仅存的完整古城保存下来，成为一个“活着的博物馆”留给后人。然而，对于林徽因和梁思成二人而言，终其一生所追求和热爱的古建筑研究与保护事业终究没能如愿，尤其是北京城前景的规划，在此时却不得不面临遭到最严重挫败的境地。

从1953年5月开始，北京城区开始了对古建筑的大规模拆除工作，时任北京市副市长的吴晗担起了解释拆除工作的任务。为了挽救四朝古都仅存的一些完整牌楼街不致毁于一旦，梁思成与吴晗发生了激烈的争论。由于情绪过于激动，梁思成被气得当场失声痛哭。《城记》里有这样的记载：“毛泽东对上述争论定了这样的调子：‘北京拆牌楼，城门打洞也哭鼻子。这是政治问题。’”从此梁思成陷入政治风波。但更令他难过的是事情还在继续。当时的北京还被46千米长的明清城墙完整而巍然地环抱着，林徽因称之为“世界的项链”。1935年，她在自己的小诗《城楼上》还曾写道：

你爱这里城墙/古墓，长歌/蔓草里开野花朵。

林徽因有一个绝妙的构想，让城墙承担北京城的区间隔离屏障，同时变外城城墙和城门楼为人民公园，顶部平均宽度约10米以上的城墙可砌花池，栽种花木；双层的门楼和角楼可辟为陈列馆、阅览室、茶点铺，供市民休息娱乐、游戏纳凉。

林徽因甚至为自己的设计画了草图，幻想着全世界独一无二的“空中花园”是如何的美妙绝伦。然而，此番城墙公园构想注定只能是一个空中楼阁，纸上梦想。北京市的规划不仅仅拆毁了物质性的城墙、城楼这些“土石做成的史书”，也葬送了林徽因的构想。后来在梁从诫的《倏忽人间四月天》中有这样的描述：

五百年古城墙，包括那被多少诗人画家看作北京象征的角楼和城门，全被判了极刑。母亲几乎急疯了。她到处大声疾呼，苦苦哀求，甚至到了声泪俱下的程度。……然而，据理的争辩也罢，激烈的抗议也罢，苦苦的哀求也罢，统统无济于事。

所有保护北京的建筑、历史和文化遗产的努力，因为与新时代的城市规划大相径庭，一条完整的明清城墙转瞬之间即化整为零，大部分城砖被用作修房子、铺道路、砌厕所、建防空洞。这对于林徽因来说无疑是一场噩梦。一次出席文化部酒宴，正好碰上也是清华大学出身的北京市副市长吴晗，她竟在大庭广众之下谴责他保城墙不力。她痛心疾首地预言：“等你们有朝一日认识到文物的价值，却只能悔之晚矣，造假古董罢了。”历史验证了她沉痛的预言。40年后，大约是1996年的岁末，北京市开始修缮一小部分破损的明清城墙，整个北京城此时掀起了一场捐献旧城砖的活动。然而这番情境林徽因已经看不到了，但她却在拆除的那一刻预见到了。

古都北京终于在林徽因的美丽梦想中轰然坍塌。500 年来从改朝换代的兵灾中得以完整幸存的北京古城墙，却在和平建设中被当作封建余孽彻底铲除了。她在病榻上眼睁睁地看着这一切在她眼前覆灭，她却无能为力。

1955 年春节刚过，建工部召开了设计和施工工作会议，各部、局的领导和北京市委宣传部门的负责人参加了这次大会。会上，对近年来各报陆续披露的基本建设中的浪费情况和设计工作中的“复古主义”“形式主义”偏向，进行了激烈的讨论和批判。这次会上，还准备了 100 多篇批判文章，已全部打好了清样。甚至梁思成与林徽因 20 世纪 30 年代合写的《平郊建筑杂录》那篇文章也成为复古主义的典型，一批再批。从此，对“以梁思成为代表的资产阶级唯美主义的复古主义建筑思想”的批判，在全国范围内开始了。

10 多年以后，梁思成在回顾这场批判时，谈了他的困惑和思考：

40 年代末，我在美国考察时，国际上新建筑理论又有了发展，我深感我国在建筑理论上的落后。回国后，我把这些理论贯彻到教学中去。但 50 年代初在开展爱国主义思想教育运动中，批判崇美思想，把这些新建筑理论和我修订的教学计划，统统算在美帝的账上给批掉了。

我第一次看到莫斯科大学建筑系的教学计划和教学大纲时感到十分吃惊，因为它仍旧是沿袭巴黎美院学院派的传统教育体制。但是当时正是学习苏联高潮，认为苏联的经验都是先进的，便把它照搬了过来。当时，我也深感不解，怎么斯大林提出的民族的形式、社会主义内容的建筑和我20年代在宾大所学的那一套完全一样？我自己的解释是：苏联建筑与欧美折中主义建筑之不同，主要在“内容”上。但是在建筑上“社会主义的内容”和“资本主义的内容”究竟有何区别，我之所以说不清，是因为我不懂得什么是社会主义，将来我懂得什么是社会主义时，自然就会懂得什么是社会主义内容了。

我学习了毛主席的《新民主主义论》，对于新民主主义的文化应是“民族的形式，新民主主义的内容”这一提法，感到很受启发。我想我们新中国的建筑也应该是具有“民族的形式，社会主义的内容”。认为我过去研究的那些古建筑，它们的形式就是“民族形式”，至于“社会主义的内容”，则我既不了解什么是社会主义，也说不清在建筑中哪一部分才算是“内容”。这一直是梗在我心中的一个问题。

还有一个使我从心底信服苏联的“民族形式”理论的重要原因，就是莫斯科的美。那统一考虑的整体，带有民族风格美丽的建筑群，保护完整的古建筑。再和英美城市的杂乱无章相比，使我深刻体会到社会主义的优越。所以我也就努力学习苏联，提倡“民族形式”——“大屋顶”了。我承认，在我所受的教育中，“形式主义”“唯美主义”的思想影响很深。但是在30至40年代我是反对普遍建造“大屋顶”的，为什么到了50年代，反而积极地提倡搞“大屋顶”呢？我想有两个原因：在客观上受当时“学苏”“一边倒”国策的影响。……主观原因则是由于我从事多年的古建筑研究，对古老的建筑形式有很深的偏爱，认为人们反对大屋顶，是因为他们缺少文化历史修养，有“崇洋”思想。

尽管这场批判只发了十几篇文章就草草收场，但一场又一场的批判会、讨论会，已使林徽因和梁思成痛苦不堪。直到林徽因离世，也是带着对古城墙的无限眷恋和遗憾而去。尽管几十载岁月悠然而过，曾经的风起云涌已经不再，但是存留的古迹和崭新的城市仍然在提醒着人们，万事万物在不破不立过程中的无奈和争斗，人们仍然记得那些曾经为了毕生的热爱而付出满腔热忱的人。

翩然离世

1954年6月，林徽因当选为北京市人民代表大会代表，8月初，《北京日报》刊登了她的生平简历。这一年秋天，林徽因的身体在凛冽的寒风中每况愈下。为方便治疗，梁思成在北京城里租了一间房子，曾有一段时间还搬到陈占祥家里小住过。时隔不久，林徽因病情恶化，住进了同仁医院。从秋到春，辗转病榻的林徽因，身体状况并没有因为春天的到来而有所改善，只能依靠年迈的老母亲照顾。林徽因觉得，每一天都像一个世纪一样漫长，备受煎熬。

在书桌上有一束含苞待放的杏花，林徽因从始至终看着它从开放到残落的全过程，只觉得时光的短暂和冷酷。她把凋零的花瓣，一片一片地收集到一只玻璃瓶里，仿佛在收拾着病痛中的岁月，如易碎的花瓣碎屑，残留着微弱的香气，从繁花似锦到色尽败落。

由于病情严重，远在上海的大表姐来探望林徽因。林徽因的童年是在上海爷爷家与大表姐一起度过的。大表姐长她8岁，胖胖的脸上，嵌着一双明亮的眸子。爷爷去世后，她与大表姐就分开了，随母亲迁到北平。张勋复辟时，她又搬到天津英租界红道路。那年，二娘程桂林患肋膜炎，在北平治病，父亲也忙于公务，顾不上照看天津的家，便请大姑姑来料理家中琐事，大表姐也一同来了。表姐到后，家庭教师陈先生的讲课也开始了。当陈先生给林徽因讲唐诗的时候，大表姐有时也过来听。林徽因记忆中的大表姐，似乎应该永远是那个扎着一条长辫子的姑娘。然而这次见面，林徽因却发现大表姐苍老多了，几乎认不出她，才猛然惊觉，在岁月的鞭笞之下，任何人都无法逃脱衰老的现实。

10 月初，林徽因写信给远在大洋彼岸的费慰梅，诉说着自己的病情：

我还是告诉你们我为什么来住院吧。别紧张。我是来这里做一次大修。只是把各处零件补一补，用我们建筑业的行话来说，就是堵住几处屋漏或者安上几扇纱窗。昨天傍晚，一大队年轻的住在院里的实习医生，过来和我一起检查了我的病历，就像检阅两次大战的历史似的。我们起草了各种计划（就像费正清时常做的那样），并就我的眼睛、牙齿、双肺、双肾、食谱、娱乐或哲学，建立了各种小组。事无巨细，包罗无遗，所以就得出了和所有关于当今世界形势的重大会议一样多的结论。同时，检查哪些部位以及什么部位有问题的大量工作已经开始，一切现代技术手段都要用上。如果结核现在还不合作，它早晚是应该合作的。这就是事物的本来逻辑。

手术定在 12 月，手术前一天，胡适之、张奚若、刘敦桢、杨振声、沈从文、陈梦家、莫宗江、陈明达等许多朋友来医院看她，说了些鼓励和宽慰的话。

似乎有所预感，林徽因给费慰梅写了一封信，充满了诀别的意味：

再见，我最亲爱的慰梅。要是你忽然间降临，送给我一束鲜花，还带来一大套废话和欢笑该有多好。

在推上手术台之前，林徽因冲梁思成淡淡地笑了一下，充满了宽慰。

手术室里那隐隐约约传来的金属器皿碰撞声和四周那一片陌生的混沌，让林徽因深切感受到了自己的生命如午后的夕阳，疲惫的影子已经渐渐淡远模糊。手术很成功，术后休养期间，林徽因很少照镜子，她不愿看见镜子中那个病容恹恹、憔悴不堪的自己。

林徽因从住院起，就很喜欢那个为她打针的小护士。每当林徽因被疾病折磨得最痛苦的时候，都是这个小护士陪伴在侧。林徽因的生活起居，她都想得很细密，照顾得无微不至。每次打完针，她总是给林徽因唱一首歌。有时还问："林阿姨，今天我该给你唱支什么歌呢？"每次林徽因都高兴地听她唱着，有时也随她轻声地哼。

小护士打完针，林徽因说："今天阿姨为你唱支歌吧，就唱《祝你生日快乐》。"小护士这才想起今天是她的生日。同仁医院的医生和护士们都知道，他们这里住着一位特殊的病人。她是市人大代表、政协委员，又是著名的建筑学家和诗人。虽然她的肺病已然病入膏肓，但她却坚强地面对每一天，面对医生的每一次治疗，虽然痛苦至极，却都配合得很好。

林徽因是拜伦的崇拜者，床头上总是放着一本《拜伦诗选》，寂寞的时候，医生和护士们常能听到她吟哦那些诗句：

世间哪有一种欢乐和它过去的相比，
呵，那冥想的晨光已随着感情的枯凋萎靡；
并不只是少年面颊的桃红迅速地褪色，
还未等青春流逝，那心的花朵便已凋落。
在快乐触礁的时候，有些灵魂浮越过重创，
接着会被冲到罪恶的沙滩，纵欲的海洋；
他们的航程失去指针，或只是白努力一番，
他们残破的小舟再也驶不到指望的岸沿。
于是有如死亡降临，灵魂罩上致命的阴冷，
它无感于别人的悲哀，也不敢做自己的梦，
一层厚冰冻结在我们泪之泉的泉口上，
尽管眼睛还在闪耀，呵，那已是冰霜的寒光。
尽管雄辩的唇舌还闪着机智，欢笑在沸腾，
这午夜的春宵再也不能希冀以往的宁静，
就好像常春藤的枝叶覆盖着倾圮的楼阁，
外表看来葱翠而清新，里面却灰暗而残破。
哦，但愿我所有从前的感觉，或者复归往昔，
但愿我还能对许多一去不返的情景哭泣；
沙漠中的泉水尽管苦涩，但仍极为甘美，
呵，在生命的荒原上，让我流出那种眼泪。

在她没有力气翻动书页的时候，她就把手放在书本上，从书本里汲取着面对病痛的慰藉。

1955年，林徽因还在医院。每天她都在病床上艰难地咳喘，整夜整夜地失眠，全身瘦得几乎认不出来，脸上也苍白得没有血色。后来，梁思成也因肺结核住进了同仁医院，病房就在林徽因的隔壁。梁思成没有住院的时候，三两天还能到医院来一趟，现在住在她的隔壁，彼此却再也不能相互见面宽慰，他们每天只是通过送药的护士传一张纸条，互致问候。在这一段时间，宝宝和小弟也请了假，轮流到病房陪床。

林徽因虽然虚弱，但精神还好，尤其见到女儿时甚是兴奋，眼中的光亮都与往日不同，她兴奋地同护士们说："这是我的女儿，看她多健康啊！"林徽因的身体一直都不好，她看到自己的女儿身体健康，不禁自豪不已。就像金岳霖自豪地说过："我虽然是个光棍，可我的朋友都是有家的！"

在林徽因弥留之际，她要求见一见张幼仪，也许，她始终无法忘怀自己少女时所犯下的错误。虽然徐志摩从头至尾都没有爱过张幼仪，但倘若没有她的出现，也许他不会那么决然地选择离婚。所以，她想在离开这个世界前，向张幼仪亲口道声歉。她无法忘记那个已经在她的生命炫丽地出现而又悄悄地消失了很多年的男子，那个她在内心深爱过的男子。

后来，张幼仪在自传中说道：

一个朋友来对我说，林徽因在病院里，刚熬过肺结核大手术，大概活不久了。做啥林徽因要见我？要我带着阿欢和孙辈去。她虚弱得不能说话，只看着我们，头摆来摆去，好像打量我，我不晓得她想看什么。大概是我不好看，也绷着脸……我想，她此刻要见我一面，是因为她爱徐志摩，也想看一眼他的孩子。她即使嫁给了梁思成，也一直爱徐志摩。

张幼仪走后，林徽因便不想再见任何人了，也许她真的累了。

4 月 1 日 6 时 20 分，林徽因告别了这个世界，走完了她短暂的 51 岁生命的里程。4 月 2 日，《北京日报》刊登讣告，治丧委员会由张奚若、周培源、钱端升、钱伟长、金岳霖等 13 人组成。众多的花圈和挽联上，她几十年的挚友——金岳霖和另一位哲学教授联名写的挽联异常醒目："一身诗意千寻瀑，万古人间四月天。"

林徽因的追悼会在金鱼胡同贤良寺举行，子女向同仁医院的医生、护士致谢，感谢他们为挽救母亲的生命所做出的努力，会场被一片哀痛氛围包围。

追悼会后，林徽因的遗体被安葬在八宝山革命公墓。整座墓体是由梁思成亲手设计，墓身没有一字遗文。墓由人民英雄纪念碑建筑委员会负责修建，同时还将林徽因生前为纪念碑设计的饰雕刻样移在她的墓碑上，碑的上方刻着："建筑师林徽因之墓。"

八宝山革命公墓西北隅，绿荫和萋萋青草掩映着孤立着的墓碑。如今碑上没有铭文，没有姓名，只有一只浮雕花环，橄榄枝环抱着圣洁的牡丹、荷花、菊花。那是林徽因生前为人民英雄纪念碑须弥座上设计的碑样，朴实无华地镶嵌在这里。

跨入 21 世纪后，海峡两岸又开始共同追寻曾经的林徽因，她的生平经历和诗作文章以及在建筑方面的成就再次得到一一认可。林徽因带着无可比拟的精彩翩然离开了，绝唱已然落幕，留给世人的只有仰望和追忆，以及她那清丽的笑容。

是谁笑得那样甜，那样深，那样圆转？
一串一串明珠，
大小闪着光亮，迸出天真！
清泉底浮动，泛流到水面上，
灿烂，
分散！

是谁笑得好像花儿开了一朵？
那样轻盈，不惊起谁。
细香无意中，随着风过，
拂在短墙，丝丝在斜阳前
挂着，
留恋。

是谁笑成这百层塔高耸，
让不知名的鸟雀来盘旋？
是谁笑成这万千个风铃的转动，
从每一层琉璃的檐边摇上云天？

——林徽因《深笑》